蘇 語 錄

實用面相

圓方立極

「天圓地方」是傳統中國的宇宙觀，象徵天地萬物，及其背後任運自然、生生不息、無窮無盡之大道。早在魏晉南北朝時代，何晏、王弼等名士更開創了清談玄學之先河，主旨在於透過思辨及辯論以探求天地萬物之道，當時是以《老子》、《莊子》、《易經》這三部著作為主，號稱「三玄」。東晉以後因為佛學的流行，佛法便也融匯在玄學中。故知，古代玄學實在是探索人生智慧及天地萬物之道的大學問。

可惜，近代之所謂玄學，卻被誤認為只局限於「山醫卜命相」五術及民間對鬼神的迷信，故坊間便泛濫各式各樣導人迷信之玄學書籍，而原來玄學作為探索人生智慧及天地萬物之道的本質便完全被遺忘了。

有見及此，我們成立了「圓方出版社」（簡稱「圓方」）。《孟子》曰：「不以規矩、不成方圓」。所以，「圓方」的宗旨，是以「破除迷信、重人生智慧」為規，藉以撥亂反正，回復玄學作為智慧之學的光芒；以「重理性、重科學精神」

為矩，希望能帶領玄學進入一個新紀元。「破除迷信、重人生智慧」即「圓而神」，「重理性、重科學精神」即「方以智」，既圓且方，故名「圓方」。

出版方面，「圓方」擬定四個系列如下：

1.「智慧經典系列」：讓經典因智慧而傳世；讓智慧因經典而普傳。

2.「生活智慧系列」：藉生活智慧，破除迷信；藉破除迷信，活出生活智慧。

3.「五術研究系列」：用理性及科學精神研究玄學；以研究玄學體驗理性、科學精神。

4.「流年運程系列」：「不離日夜尋常用，方為無上妙法門。」不帶迷信的流年運程書，能導人向善、積極樂觀、得失隨順，即是以智慧趨吉避凶之大道理。

此外，「圓方」成立了「正玄會」，藉以集結一群熱愛「破除迷信、重人生智慧」及「重理性、重科學精神」這種新玄學的有識之士，並效法古人「清談玄學」之風，藉以把玄學帶進理性及科學化的研究態度，更可廣納新的玄學研究家，集思廣益，使玄學有另一突破。

作者簡介

蘇民峰　　　長髮，生於一九六〇年，人稱現代賴布衣，對
　　　　　　風水命理等術數有獨特之個人見解。憑着天
　　　　　　賦之聰敏及與術數的緣分，對於風水命理之
　　　　　　判斷既快且準，往往一針見血，疑難盡釋。

以下是蘇民峰這三十多年之簡介：

八三年　　　開始業餘性質會客以汲取實際經驗。

八六年　　　正式開班施教，包括面相、掌相及八字命理。

八七年　　　毅然拋開一切，隻身前往西藏達半年之
　　　　　　久。期間曾遊歷西藏佛教聖地「神山」、「聖
　　　　　　湖」，並深入西藏各處作實地體驗，對日後人
　　　　　　生之看法實跨進一大步。回港後開設多間店
　　　　　　舖（石頭店），售賣西藏密教法器及日常用品
　　　　　　予有緣人士，又於店內以半職業形式為各界
　　　　　　人士看風水命理。

八八年　　　夏天受聘往北歐勘察風水，足跡遍達瑞
　　　　　　典、挪威、丹麥及南歐之西班牙，回港後再
　　　　　　受聘往加拿大等地勘察。同年接受《繽紛雜
　　　　　　誌》訪問。

八九年　　　再度前往美加，為當地華人服務，期間更多次

前往新加坡、日本、台灣等地。同年接受《城市周刊》訪問。

九〇年　　　夏冬兩次前往美加勘察，更多次前往台灣，又接受台灣之《翡翠雜誌》、《生活報》等多本雜誌訪問。同年授予三名入室弟子蘇派風水。

九一年　　　續去美加、台灣勘察。是年接受《快報》、亞洲電視及英國 BBC 國家電視台訪問。所有訪問皆詳述風水命理對人生的影響，目的為使讀者及觀眾能以正確態度去面對人生。同年又出版了「現代賴布衣手記之風水入門」錄影帶，以滿足對風水命理有研究興趣之讀者。

九二年　　　續去美加及東南亞各地勘察風水，同年 BBC 之訪問於英文電視台及衛星電視「出位旅程」播出。此年正式開班教授蘇派風水。

九四年　　　首次前往南半球之澳洲勘察，研究澳洲計算八字的方法與北半球是否不同。同年接受兩本玄學雜誌《奇聞》及《傳奇》之訪問。是年創出寒熱命論。

九五年　　　再度發行「風水入門」之錄影帶。同年接受《星島日報》及《星島晚報》之訪問。

九六年　　　受聘前往澳洲、三藩市、夏威夷、台灣及東南亞

等地勘察風水。同年接受《凸周刊》、《一本便利》、《優閣雜誌》及美聯社、英國 MTV 電視節目之訪問。是年正式將寒熱命論授予學生。

九七年　首次前往南非勘察當地風水形勢。同年接受日本 NHK 電視台、丹麥電視台、《置業家居》、《投資理財》及《成報》之訪問。同年創出風水之五行化動土局。

九八年　首次前往意大利及英國勘察。同年接受《TVB 周刊》、《B International》、《壹週刊》等雜誌之訪問，並應邀前往有線電視、新城電台、商業電台作嘉賓。

九九年　再次前往歐洲勘察，同年接受《壹週刊》、《東周刊》、《太陽報》及無數雜誌、報章訪問，同時應邀往商台及各大電視台作嘉賓及主持。此年推出首部著作，名為《蘇民峰觀相知人》，並首次推出風水鑽飾之「五行之飾」、「陰陽」、「天圓地方」系列，另多次接受雜誌進行有關鑽飾系列之訪問。

二千年　再次前往歐洲、美國勘察風水，並首次前往紐約，同年 masterso.com 網站正式成立，並接受多本雜誌訪問關於網站之內容形式，及接受校園雜誌《Varsity》、日本之《Marie Claire》、復康力

量出版之《香港 100 個叻人》、《君子》、《明報》等雜誌報章作個人訪問。同年首次推出第一部風水著作《蘇民峰風生水起 (巒頭篇)》、第一部流年運程書《蛇年運程》及再次推出新一系列關於風水之五行鑽飾，並應無線電視、商業電台、新城電台作嘉賓主持。

○一年　再次前往歐洲勘察風水，同年接受《南華早報》、《忽然一週》、《蘋果日報》、日本雜誌《花時間》、NHK 電視台、關西電視台及《讀賣新聞》之訪問，以及應紐約華語電台邀請作玄學節目嘉賓主持。同年再次推出第二部風水著作《蘇民峰風生水起 (理氣篇)》及《馬年運程》。

○二年　再一次前往歐洲及紐約勘察風水。續應紐約華語電台邀請作玄學節目嘉賓主持，及應邀往香港電台作嘉賓主持。是年出版《蘇民峰玄學錦囊 (相掌篇)》、《蘇民峰八字論命》、《蘇民峰玄學錦囊 (姓名篇)》。同年接受《3 週刊》、《家週刊》、《快週刊》、《讀賣新聞》之訪問。

○三年　再次前往歐洲勘察風水，並首次前往荷蘭，續應紐約華語電台邀請作玄學節目嘉賓主持。同年接受《星島日報》、《東方日報》、《成報》、《太陽

報》、《壹週刊》、《一本便利》、《蘋果日報》、《新假期》、《文匯報》、《自主空間》之訪問，及出版《蘇民峰玄學錦囊（風水天書）》與漫畫《蘇民峰傳奇1》。

○四年　　再次前往西班牙、荷蘭、歐洲勘察風水，續應紐約華語電台邀請作風水節目嘉賓主持，及應有線電視、華娛電視之邀請作其節目嘉賓，同年接受《新假期》、《MAXIM》、《壹週刊》、《太陽報》、《東方日報》、《星島日報》、《成報》、《經濟日報》、《快週刊》、《Hong Kong Tatler》之訪問，及出版《蘇民峰之生活玄機點滴》、漫畫《蘇民峰傳奇2》、《家宅風水基本法》、《The Essential Face Reading》、《The Enjoyment of Face Reading and Palmistry》 、《Feng Shui by Observation》 及《Feng Shui — A Guide to Daily Applications》。

○五年始　應邀為無線電視、有線電視、亞洲電視、商業電台、日本NHK電視台作嘉賓或主持，同時接受《壹本便利》、《味道雜誌》、《3週刊》、《HMC》雜誌、《壹週刊》之訪問，並出版《觀掌知心（入門篇）》、《中國掌相》、《八字萬年曆》、《八字入門捉用神》、《八字進階論格局

看行運》、《生活風水點滴》、《風生水起（商業篇）》、《如何選擇風水屋》、《談情說相》、《峰狂遊世界》、《瘋蘇 Blog Blog 趣》、《師傅開飯》、《蘇民峰美食遊蹤》、《A Complete Guide to Feng Shui》、《Practical Face Reading & Palmistry》、《Feng Shui — a Key to Prosperous Business》、五行化動土局套裝、《相學全集一至四》、《風生水起（理氣篇）》、《風生水起（巒頭篇）》、《風生水起（例證篇）》、《八字秘法（全集）》、《简易改名法》、《八字筆記（全集）》、《玄學錦囊（姓名篇）》、《觀相知人》等。

蘇民峰顧問有限公司
網址：http://www.masterso.com
預約及會客時間：星期一至五（下午二時至五時）

目錄

感情篇

術數篇

:術數篇 01:

論命必需配合
所處的年代與地區

上上之人，捨己利人；中上之人，利己利人；下等之人，損人利己；下下之人，損人不利己。不要寄望做到上上之人，做到中上之人已經不錯了。但世上充斥着下等之人及下下之人，尤其是現在做生意的很多已經沒有了利己利人的思想，所以社會上才充斥着仇富的情緒。何時社會才會變回以前利己利人的形態呢！

現代社會重利輕義，即使想做上上之人也不容易，如社會大眾普遍無感恩之心，這類人有時連生存也不容易，故唯有退而求其次做中上之人，甚至乎中下之人。

八字官印相生，古代為清貴，謙謙君子的八字，受到社會尊重；但在現代競爭強烈的社會，較難有出色的表現，有時甚至會給壓力壓得喘不過氣來。

又如傷官駕殺，羊刃駕殺，不為將軍，必為大賊；但在現代社會不難成為出色的企業家，手握着整體經濟與別人的生計。

再如食傷生財，古今皆為營商致富的格局，但古代士、農、工、商階級中，商排到最後，只能算是勞碌濁富；但現代商人富可敵國，官家也要避忌幾分，甚至還要靠攏，望能得到其金錢資助，有利自己仕途；其他士、農、工更不用多說了。

命格是死的，人是生的，論命時必要配合所處的年代與地區，如不懂變通，墨守成規，將古代那一套硬搬過來，則永遠也不會踏得上真正命學的門檻。

：術數篇02：

命相風水只可作參考

　　命相風水是一門統計學，不可能百分百準確，只是統計過後，大部分人都合用，就會變成理論；當中有人不符合的，也沒有辦法，因命相風水是為大部分人而創的，不是為小部分人服務，好像斷掌一般與父母無緣，但亦有例外的，故斷掌的你若仍與父母同住的話，不必覺得奇怪也不必驚慌。

命相風水是中國獨有的古文化，有着數千年的歷史，古時為帝王之術，平民難得窺其門檻，其術至明、清，才逐漸流散於民間，至近百年，更廣傳海外。

　　當然，魚目混珠，自稱大師或裝作世外高人的雖然不少，但努力埋首鑽研者亦大不乏人，平民百姓有之，學者有之，富商及專業人士也不計其數，如當中完全沒有價值，根本不可能流傳數千年。當然，術有高低，但如能花時間努力鑽究，或多或少都能一窺其秘奧！

　　手相方面，有神秘十字紋者有研究興趣，加上腦線平直，雙目有神者，因善於計算，習風水命理較有天分。

　　前額飽滿，掌窄，有第六靈感線者，則習掌、面相較佳。

掌相例

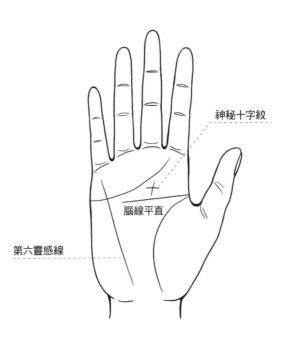

神秘十字紋

腦線平直

第六靈感線

窄形掌

一命二運三風水
四積陰德五讀書
六則順應潮流

　　命是一生生活水平；運是一生高低順逆，順時宜攻，逆時宜守。風水是地運屋運，同一八字出生於不同國家，結果迥異，如居非洲、中國、美國，結果必然不一。

　　陰德即廣種善緣，回報於無形。讀書能改善生活，貧窮地區尤為明顯。潮流則為大勢所趨，可順而不可逆。

　　命、運影響人生七八成，風水、讀書、積德共佔兩三成力量而已。有些人以為風水萬能，能起死回生，改變命運，實在是不明所以又或者是將其誇大而已。甚至有些術者說可以幫你添運改運，如果真的可以，他們也首先會幫自己改變先喇，為甚麼要收你一點酬金而幫你去改。又有些人問，可否佈一個局令他可以在股票上贏錢，我會話，如果可以我都先幫自己佈喇，還用出來幫你看風水。

　　風水其實是在有限度的情況下盡量做到最好，並不能幫你發財轉運、起死回生。成功與否，很多時候還要看自身運氣與努力，再配以天時、地利、人和才能夠水到渠成。

　　住宅風水一般以身體健康為主，而寫字樓、商舖則以求財為上。

看命論氣不論年

　　世人看八字還執著於看流年吉凶，但世事是不斷演進，如美國金融海嘯，當初若不是前一任總統幫一些沒有能力買樓的人入市，引致樓價瘋狂上升，到達臨界點下跌時，那些無能力的人又可以毫無責任地放棄，金融海嘯相信不會來得那麼嚴重。

　　人一樣，除了那些沖伏年會突然起跌外，其餘吉凶都是有前因的。

每件事情都有其前因後果，不知前因，焉知後果。那些只懂執著於眼前的人，既可悲、又可笑、亦可憐，他們不想去看前因，亦不懂得去推測後果。

盛極必衰，這是每件事物的循環，國家如是，個人如是，地球、宇宙亦如是，世上沒有永遠的好亦沒有永遠的壞，懂得把握當中好壞的人，自然事事順遂；否則，只可以人云亦云，跟着群眾去走。

其實，不論國家或是個人，都是要看氣運，看大勢，不能只執著於目前，那些只懂執著看每年流年吉凶好壞的命相師，則很難達到比較高的推理境界。

玄學是知識，
生活的智慧。

　　玄學是由知識與生活智慧演變而來，古時觀察星體運行對人的影響再運用於生活。像中國地貌西北高而東南低，古時要選擇門窗向南的房子，春夏能納東南吹來的涼風，阻隔秋冬從西北方吹來的寒流。

　　命理、掌面相是統計學，是把歷年經驗所得結合起來，故與宗教絕無關係。

　　很多人誤以為風水、命理、面相、掌相等術數與中國傳統宗教是有關連的，但這實在是天大的誤會！相反，很多修行者，在修行之時，慢慢對能有助參透人生的命相風水等術數產生興趣，繼而去鑽研，當然要鑽研這東西靠修行是不行的，一定要跟師傅心傳口授才能有大成，即使在現代資訊泛濫的社會，想鑽研命相風水之術，如無明師從旁指導，最多亦只能懂得皮毛而已。

　　唯一般人惑於修行者的身分，以為他們對術數一定很了得，而容易盲從之。當中更有心術不正者用宗教包裝自己以斂財，所以在此再提醒大家，風水、命理、掌相、面相等術，一定是要通過學習得來，而能從修行通此術者，相信在世間難尋。

觀人於眼

　　眸子不能掩其惡，眼善心善，眼惡心惡，半點不假。眼惡者，情多薄、性急、暴戾，未有善人而有惡眼者。善者，眼神柔和，予人有易於親近之感，此乃真善者。柔和而帶閃爍，偽善也，其人必有所圖。

　　內心鬱結者眼神憂鬱、快樂者眼帶笑、滿足現狀者眼神不強、拚搏者眼神露，凡此種種皆反映其內心所依。

　　觀人必先觀其眼，因眼乃心之所出，裝不出來
的。唯觀眼是相學的最高境界，如沒有相當經驗是難
以做到的，尤其是眼神，是觀相的最高神髓，故觀眼
可先從眼型開始：眼大、眼珠大者，心地善良而少機
心。眼細者不喜歡表露自己。眼珠細者，心狠，具報
復心。眼略大而眼珠微露者，言多，甚至語詐。眼形
細長者貴。眼形圓短者急。

　　眼尾微微向上者，多樂觀。眼尾斜向下者，悲
觀，女性不利姻緣。眼帶淚水者，常有三角關係。眼
白紅筋纏繞者，性情急躁。眼白帶粉紅，桃花重，感
情不定。

　　掌握到觀眼型的境界後，慢慢便可以心領神
會，從眼神中感覺到其人的內心世界。

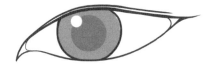

眼尾微向上者樂觀。

眼尾斜向下者悲觀，女性不利姻緣。

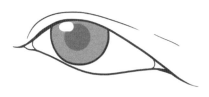

面相例

眼帶淚水者常有
三角關係。

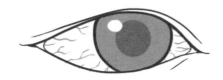

眼白紅筋纏繞
者，性情急躁。

眼白帶粉紅，桃花
重，感情不定。

人算不如天算

　　風水命理之道，算大不算細，算濶不算窄。風水每二十年一個大運，九年一個小循環。命理方面，大則三十年，小則十年，再細分之，盡至年月。面相看一生之形局，氣色看短期之休咎。掌相則重於個人才能與思維。占卜則斷每事之進展，應期長則一年，短則一周一日，唯歷代帝王非大事不占，如每事皆占算者，不免流於迷信。

　　不論用甚麼方法推算，或推算甚麼，其實都只是在計算其或然率而已，本事高者計算或然率準確度自然較高，反者則否。唯不論推算社會經濟、利率、股市或是人生，都只能推算一個大概，準確度能在七八十個巴仙以上已經算是不錯，想做到百分之百根本是沒有可能的事。唯有占卜一途，才有機會做到百分之百準確，因占卜之法是用來設定問單一事情，很多時是二分之一的答案，如分手否，合作否，投資否，分開否，移民否，這些都能給你肯定的答案。

　　唯占者只能用此術來幫人占卜謀生，不能用來謀取私利，如占卜股市、金價、外滙、跑馬、賭博等等，不買時會占得準確，到入市時情況便會有異樣，因占卜者所依靠的並不是個人力量，而是倚靠宇宙中的靈力而得到指示，故占者的心愈清，答案自然愈靈，唯第一步當然還是要首先學習占卜之法。

人生篇

: 人生篇 01 :

人一定要有幻想

幻想，有些人叫理想或夢想。兩餐不飽的人幻想每天都有飽飯吃，三餐溫飽的人幻想每天都有美酒佳餚，衣食豐足的人祈望有車有樓，車、樓都有了又望變成富豪，十億、百億……但當你一出生已經擁有全部，你可能變得全無幻想，生活便容易變得枯燥無味，無目標可言，故出生富裕並不是普通人所想的那麼幸福！

出身富裕是惹人羨慕的，一般人覺得這樣很幸福，但可惜物質並不能填補內心的空虛，故有時富者會比普通人更急於求成，唯能否成功，機會與一般人是均等的，同樣是要看運氣與能力，但失敗之時他們可能比普通人更加失落，覺得「自己條件比別人好為甚麼也會失敗」。這就是算命所說的「命好不如運好」。

　　命是出身，即一生人的格局，生活水平；運是一生人的過程。一個出生低微而行運的人，一生漸入佳境，雖然終生享受可能都不及出生富貴的人好，但心理上的滿足則大得多矣！

　　雙耳貼肉而生，祖上富貴。額高濶飽滿，父母顯揚或自己三十歲前運程遂意，少年顯名。

面相例

雙耳貼肉而生，祖上富貴。

額高潤飽滿，父母顯揚或自己少年顯名。

成功的特質

　　成功的特質是勇氣、決心加運氣。很多人常說知道這個那個值得投資，而現在投資了這個那個的人都發了達喇！

　　正是想法人人有，付諸實行的卻少。像有一次我在蘇梅島被水圍困，大部分人都等人前來救援，自救的只有四人，我們自救的幸運地找到車、酒店、機位回港，但重要是夠膽走出去。而你是會留着等人救的、還是會選擇自救的，就知道自己是何種人。

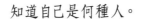

「講就天下無敵，做就無能為力」，這是很多人的通病，意見人人有，但敢於實行者少，嘗試去投注站訪問那些踹在那兒的人，便知道每個都是專家，都能説得頭頭是道；但問問他們今天有斬獲嗎？答案不難是食白果。

成功非注定的，上天只會給你機會，不會直接給與你成功，機會來時夠膽去把理想實行，便成功在望；相反，即使機會在眼前，但有些人不敢作出改變，貪圖安逸，留在原來位置直到退休，這樣即使是行三十年大運，也不一定有突出表現；但其實很多人都是喜歡過這種平穩的生活！你呢？

拇指長大，雙目有神，做事夠決心，能成功的機會自然比拇指短小，雙目無神的人佳。

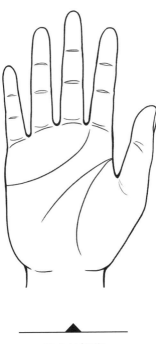

長大的拇指

：人生篇 03：

主觀願望

　　主觀願望愈強，失望的機會愈大，因世界不是跟隨你的願望去走，尤其是讀書成績好的，以為做事努力點便會有應得的回報；但做事與讀書不同，努力讀書容易得到好成績，而做事努力則不一定成功，徒勞無功的更多，那些逆境指數低的年青人便會因而失望，繼而意志消沉，一沉不起，甚至結束生命。

其實，不是世界適應我們，是我們適應世界，生活在發達社會的人已經是一種幸福，最少可以在公平的制度下去表現自己，努力爭取，實現自己的理想與目標。世界上還有很多國家，即使人有天分有才能，也不一定能找到一個平台去發揮。

但可惜，很多出生在條件美好國家的人，可能從少受到過分愛護，或學業成績出眾，主觀地以為一踏出社會便一定可以大展拳腳，為所欲為。可惜，在外與在家分別實在太大，外面的人對你是沒有感情的，想達到目標要憑着自己不停地努力去爭取，而且努力過後，還不一定會有成果；很多人會因此認為自己懷才不遇，到這時，你要首先認清到底自己是懷才不遇，還是自己的才幹並不達標呢？

雙目無神，鼻樑高直，自尊心強而決斷力不足，在眼運三十五至四十歲時，際遇不佳，最容易自覺懷才不遇。

面相例

雙目無神，鼻樑高直者，
自尊心強而決斷力不足。

小人

小人此物，無處不在，不管是商賈巨富或是平凡人，小人都會你身邊存在。

小人有時是你的老闆、上司，但大多數是沒有你那麼能幹，職位財富比你低。有的是想從你身上撈些油水；但更多的是望你有天會跌下來，生活比他們差。

想到他們都是可憐的一群，放得下的話就原諒他們好了！

　　小人一般都會是心胸狹窄的，與連眉性格執著無關。小人一般不會跟你正面衝突，只會不停在你背後搞小動作，如果能力與你相差很遠的話還好，要是能力與職位跟你差不多，便很容易被他的暗箭所傷。

　　面相上，判別小人主要是從眼與鼻開始。一般視正者，心正；視斜者，心歪。眼大者，機心小；眼細者，心眼小。

　　鼻大者，自尊心強，只會跟你正面衝突，不屑在你背後搞三搞四。鼻細者，手腕圓滑，不會跟你正面硬碰，那唯有在你背後不停搞小動作。

　　其他還有嘴歪牙疏，愛以是非做人情。耳後見腮，秘密與破壞性強，自己得不到的會在你背後搞破壞，讓你也不能順利到手。

面相例

視正者，心正。

視斜者，心歪。

眼大者，機心小。

眼細者，心眼小。

面相例

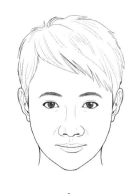

鼻大者，自尊心強。

鼻細者，手腕圓滑。

嘴歪牙疏，愛以是
非做人情。

耳後見腮，自己得
不到的也不會讓你
得手。

沒有如果，
只有結果。

世人每喜歡說「如果」：如果我當初買了那層樓，現在就升值好多喇；如果無轉工，現在職位升到好高喇；如果去了做生意就已經發咗達喇；如果不是三心兩意，伴侶就不會離開喇；如果對妻兒好的就不用老來孤獨喇……凡此種種，都是沒意思的。

「結果」，就是你現在的一切，都是你自己種的果。

　　「如果」是沒有意思的，做了就是做了，失去了
就是失去了，要追悔也無用。雖然我也會犯這個錯
誤，但我很快便會把自己糾正過來，面對現實，接受
結果。況且，有時候我們即使用盡全力去做，亦未必
能夠得到自己想要的結果。

　　說話時下意識皺眉頭的人，因為一般比較難接
受現實，反而容易被現實壓得喘不過氣來，慢慢還
會變成抑鬱；相反，眉頭開濶的人，遇上不順心的事
情，可能會不開心一會，但轉頭便會找個理由開解自
己，盡量去接受目前的結果。

　　所以，下次你與朋友交談時，仔細看看他的眉
頭，就知道他是一個樂觀、還是一個悲觀執著、甚麼
都放不低的人了。

眉頭開潤的人，懂得
開解自己。

：人生篇06：

平淡是福

　　每個人年青時都想往外面闖一闖，實現自己的夢想，一展自己的抱負。

　　但在社會闖了若干年，無論成功與否，身心總有疲累的一天；即使是浪子，也想家裏有一個人在等他，讓他感受到家的溫暖。最不想平凡的人，步伐也會開始慢下來，細味一下生活，這時，會發現每天能簡單地過日子是一種福氣，一種享受。

其實每一個人都是一個平凡人，不會因為某方面成就高了而變成超人。而愈不接受自己只是一個平常人的人，心裏愈容易出現不平衡，情緒愈容易出現問題。

很多成就高的人，其實只是智商較高些，或是際遇比較幸運，從而得到比別人好的成就、財富。

努力雖然重要，但有些人努力一生卻一事無成，他們或因出生在難以發揮所長的國家，或是時運不佳，時不與我；亦有些人是因為惰性較重，以致有才華、有運氣，也達不到應有的成就。成就高低，何用執著？其實拿得起，放得低才能體味到生活，即使有天要退下來也能淡然面對。

面相方面，眉頭潤，眼神柔和的人較能享受退下來的平淡生活。眉頭窄的人性格較執著。眼神銳利的人則不想退下來。

面相例

眉頭潤，眼神柔和，能享受平淡生活。

眉頭窄，性格執著不放。

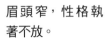

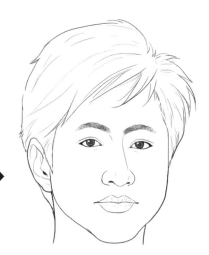

迷失經驗

　　第一次迷失在十八歲，那時在工廠車錶殼，做了一年多，有一天發薪水後晚上與公司的人賭錢輸了整個月薪水，那晚我還對老闆說我明天不幹了，此後過了兩年黑暗日子。

　　第二次是在二十六七歲時，已做了七年髮型師，食之無味棄之可惜，最終不幹去了新疆、西藏、尼泊爾幾個月，回來後才全職做算命到如今。

　　人一生或多或少都會出現迷失期，可能你現在就是處於這個階段，如果不想馬上轉換工作，最好的辦法是放一個大假，到一處無人認識你的地方去重新認識自己。當然，如果有伴侶與子女者比較難實行；但最少也要放慢腳步，細心分析一下目前情況，是去是留，好做一個決定。要留則盡力做好眼前的，要走便馬上實行，不要再糾纏在迷失的路上。

　　人一生一定有一個轉變期，面瘦的人轉變期一般會在面上的中線位置，即 15、16、19、22、25、28、41、44、45、48、51、60、61、70、71 等；而面潤的人大轉變多在左右兩邊的橫線部位。要記得年齡計法是把懷胎十月也計算在內，即足齡二十七歲生日後兩個月作二十八歲去推算。

　　如各位想在人生路上作出轉變的話就要好好把握了！

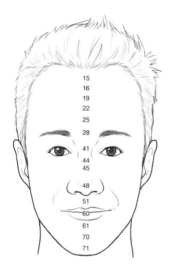

面瘦的人轉變期
一般會在面上的
中線位置。

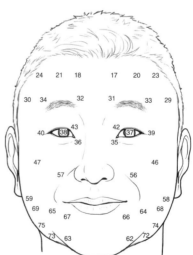

面濶的人大轉變
多在左右兩邊的
橫線部位。

：人生篇08：

勿懷勉過去，
要放眼將來。

很多人生活得不如意時就會回想以前多好，兒時多好，但以前已經過去，未來才可以掌握。

常常說過去的人很難再有將來，因為他們會想以前多風光、多開心、多好，而不肯面對目前困境，振作起來。

即使是退休人士，懷緬過去很多時也只是徒添感慨，對生活並無幫助。

過去可能很幸福或成就很高，但太多懷緬也無補於事，除非是已經沒有明天，行將就木的人，在生命將結束之前懷緬一番才是無可厚非；但對那些還要在社會上掙扎求存的人，懷緬過去只會徒添痛苦，對將來根本毫無幫助，倒不如放開心情重新上路，這樣還有一絲成功機會，否則只能一直在懷緬，直到生命結束。

　　在面相方面，額潤下巴尖削的人少年運佳，晚年不復當年勇，這種人最不願面對現實，常想當年。

　　相反，腮骨潤的人最能抵受失敗，不會不停地想以前，反而能在逆境中迅速地爬起來，再創高峰。

面相例

腮骨潤者，最能抵
受失敗，在逆境中
迅速地爬起來。

共患難不能共富貴

　　從小相識的，一齊窮過、苦過、捱過、經歷過，長大以後，一方成就較高，一方成就較低或毫無成就，再能成為好友的機會不大。雖有時是富貴的一方怕人知道他的過去而慢慢與好友疏遠，但更多時是成就較低的一方出於內心的妒忌或自卑而慢慢與好友疏離，因每次再碰面內心都感到戚戚然。

　　共患難不能共富貴，一般人都會以為是有錢的一方嫌棄貧窮的那一方；但事實上，除非彼此已久久不相往來，卻突然相約食飯，有錢那一方才不會應約，因另一方大多數是有目的。

　　要是雙方是要好的朋友，一齊走過來的，出現這情況的機會不大；很多時反而是另一方自己內心覺得不舒服，甚至產生妒忌，更慢慢在言語行為上表露出來，令到雙方愈走愈遠。

　　面相方面，眉頭開濶，眼神柔和，個性較為豁達。

　　相反，眉頭窄，連眉，性格執著。眼細，小心眼。眼珠細，報復心重。鼻大，自視過高。這些人都容易妒忌對方的成就。

連眉，眼細，性格
執著且小心眼。

：人生篇10：

要活得自在，
不是活得精彩。

　　很多人見到一些名人、明星或富二代，夜夜笙
歌，常出席名人派對，又常見報，生活好像是很精
彩似的，但這都是表面的，其實更多是內心的空
虛，自處時的落寞，缺乏自信時的驚恐，怕甚麼時
候不再受到注目；故活得精彩不如活得自在。

　　要活得自在，首要做到不爭，不爭自然自在。

每個人都想活得精彩，但精彩過後，總會歸於平淡，有些人會接受精彩過後的平淡；但有些人則千方百計地、不停地想引起別人注目。而那些不停地想追求精彩的人，內心比一般人更空虛落寞，更怕得不到別人注目，因失去被注視的目光，他們便感覺不到自己的存在，是喜是悲，只有他們自心才感受到。

　　一般鼻高的人容易自視過高，事事以自我為中心，喜歡別人的視線落在自己身上。但真實是很多鼻樑高直的人，內心自卑的比率比平常人還高，這可能就是一般人常說的自卑引至自大了。

面相例

鼻樑高直的人，往往
自視過高。

不要問為甚麼

　　人開始問為甚麼，問題便開始了，這是抑鬱症的導火線，因為世界上很多問題是無答案的，如：我對他付出那麼多，對他那麼好，為甚麼他還會變心？我上班那麼勤奮，上司為甚麼不升我職呢？我的子女為甚麼不如人呢？世界為甚麼對我那麼不公平呢！

　　人不要問為甚麼，就面對現實好了。

　　世事很多時是沒法解釋的，我們唯一可做的就是盡力做好自己，因為生活與讀書學習是不一樣的，學習時加倍努力，便不難獲得好成績，相等的機會也大得多；但踏足社會後便會知道大大不同，除了努力外，尚要顧及人際關係，同事能否和洽相處，與上司老闆是否投緣，有否好的際遇（運氣），全部都是邁向成功條件之一，尤其是運氣方面，欠缺了不免寸步難行，無論付出多少努力，也不會獲得好成果。其他如男女感情，父母子女緣分與助力，更大部分是命中注定，努力也不容易改變得來。

　　眉頭潤的人較容易接受現實，其次眼有神，唇角向上也是。

　　眉頭窄、或有紋侵痣破，個性悲觀執著，就最愛問為甚麼；其次眼尾、嘴角下垂也一樣。

眉頭潤，眼有神，唇角向
上，較容易接受現實。

：人生篇 12：

每個人都要學習

有些上了年紀的人，覺得自己活了那麼久，懂的一定比你多，因而拒絕接受新事物，人亦會變得自私及自以為是，讓人難以相處。

又有些在社會上有成就的，覺得一般人必定比不上他，變成高傲自大，目空一切。

其實世界那麼大，一定有自己不懂的東西，若不虛其心，必會斷絕自己的進步空間。

學習是一條永恆的路，但很多時一些中年或以上的人，常常拒絕學習或接受新知識新事物，更多還以不懂為借口，但其實不去嘗試學習怎知道自己懂不懂呢！可惜，人一般愈老總會愈固執，懂得世情的始終不多，有成就者會更甚。而少年時曾風光一時的更會常想當年，拒絕接受現實。

現代，簡單如上網，手執一部手提電話便人人做到，居然還有人聲稱不懂上網，不懂用 Google 搵路，其實他們不是不懂，是逃避學習而已。

手相上，食指與中指間有一條小斜線橫過中指基部，名學習金星帶，深而長則終生愛好學習，在右手出現更為準確；無者，對學習新事物的興趣不大。

面相上，鼻形過大者一般容易硬頸固執，堅持己見，拒絕接受新的事物。

掌相例

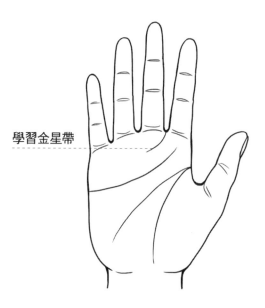

學習金星帶

金星帶深而長，終生
愛好學習。

技巧與膽量

　　滑雪與做事做人一樣，有技巧無膽量的人，永遠只會在山中間遊走。有膽量無技巧，只會死衝，有時幸運地得到一時的成就與讚許，但最後大多焦頭爛額。只有技巧與膽量兼備的人可以在山頂上；至於無膽量又無技巧的人，根本沒想過會上山，只會在山腳下仰望。你有沒有想過自己是哪一種人呢？

　　正所謂一膽、二力、三功夫，而膽量往往放於首位，比知識與技巧來得更重要，這是有其原因的，因即使有高超的技巧，要是欠缺膽量也難以發揮得淋漓盡致。

　　很多滿腹經綸或從事專業的人，都有出色的技巧，且能在自己的範疇裏面做得很成功；但如果要他離開自己所熟悉的範疇，再進一步，往往便會猶豫不決，一想經年，可能直至退休也未踏出一步。

　　膽量有些是天生，有些則是靠後天努力。面相上腮骨有力，眼神足者，意志力強，能逆境自強，夠膽豁出去放手一試。

　　手掌掌邊潤而厚，能長期與逆境抗爭。拇指大而長，夠決心。腦線與生命線起點相連在兩厘米以下，決斷快，而這些都是膽量的表現！

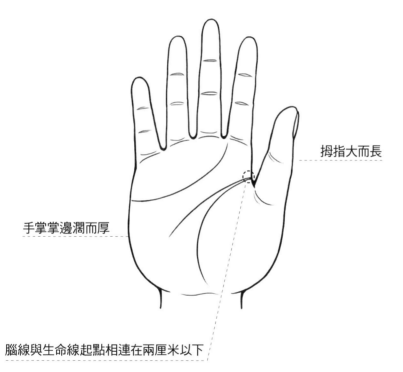

拇指大而長

手掌掌邊潤而厚

腦線與生命線起點相連在兩厘米以下

：人生篇 14：

沿途風景

　　到達目的地當然重要，但也不要忽略沿途風景。常常聽到人說，退休後兩公婆去環遊世界，但為何一定要等退休後呢，難道退休前那數十年不重要嗎？況且退休後是甚麼世界，身體狀況如何都是不可預料的，如果病倒了，配偶去世了，一切計劃將無法實現；所以做人做事，最重要是懂得享受沿途風景。

終點是一剎那的，但過程卻是恆長良久，有時懂得享受過程，即使未能達到終點，也算是一個不錯的經驗。如愛情，十之八九都不是因初戀而結合，而當中經歷的甜酸苦辣給你的人生添加了精彩的味道，亦為你帶來不少寶貴經驗，成就了你日後的歸宿；即使最後仍然是孤身一人，但當中的經歷亦可以為你帶來回味，而不是空白無聞。

人生何嘗不是，人一日未死，也未能蓋棺定論，為目標奮鬥固然重要，可惜，目標不是人人可以達到，故懂得享受過程便成為重要的一環；否則，一生只為為追求目標花掉所有時間，而忽略了周邊所有人，這樣，即使能達到目標最後也得不償失。

懂得享受過程者，每天都是海闊天空，否則寸步難行，尤其是久久未能達到目標的便更覺苦惱。

倒三角面形的人最愛追求理想而忘掉現實。

眼惡者，為達目標而不顧情分。

尖型掌，常常活在自己幻想世界而忽略身邊的人。

掌相例

尖型掌，常活在幻想
世界，忽略身邊人。

不出聲不代表不介意

　　很多時候親人、愛侶、同事或者朋友，在背後做了一些令自己不太喜歡或不太舒服的事情，自己是知道的，只是選擇不出聲，但這樣不代表不介意，選擇不出聲是不想破壞雙方關係，及看對方會否改正，抑或是會愈來愈過分。

　　唯一旦到了自己忍無可忍的時候，便會突然作出反擊或者馬上把這關係割離，相信你我都曾遇過這種情況。

　　人與人的關係，複雜而微妙，簡單如師生、朋友，複雜如有血緣關係的父母、子女、兄姊弟妹，又或者夫妻、情侶，有人關係親密融洽，有人貌合神離，有些更會愈趨冷淡，甚至反目而不相往來。

　　其實每段關係開始時都像是白紙一張，然後各自添加色彩，有些色彩雙方都喜歡，有些則不太滿意，只要不喜歡的色彩愈來愈強烈又或是慢慢佔據了整張紙，這就是關係完結的時候。但完結了也不一定代表關係完全結束，總之這些關係是斬不斷，理還亂，既簡單又複雜。

　　眉與眼之間的田宅宮較潤者，親人在心目中佔的位置較重，自然會較為忍讓。相反，眉眼間距離窄者較為現實，會細心計較得失，覺得不值得維持便會馬上切斷。

　　此外，鼻較高大者，直來直往。面圓鼻細者，對維持關係的忍耐力較強。

面相例

眉與眼之間的田宅宮較潤
者,親人在心目中佔的位置較
重,自然會較為忍讓。

：人生篇16：

順逆交替

　　大順之後必有大逆，相反亦如是。順境時固然要居安思危，逆境時也不要氣餒，在逆境時能夠忍耐，靜待時機，到順境降臨時才能有心力去把握。

　　如果在逆境時已被打沉，意志磨滅了，甚至完全失去鬥志，那即使機會再來時也無力或根本無膽量去把握。故在逆境時能夠保持平和與冷靜的心是最重要！

久攻必敗，久守必失，要懂得在攻守之間拿捏得準確，不是一件容易的事，做到的話，命運便可盡握手中。

能做到這的，一半靠自我，而另一半必須賴以運氣。自我能靠自己的知識、能力去掌握，但運氣則不然，不會長伴在身邊，運氣來時，事事勢如破竹；運氣走時，怎樣努力也是徒勞，唯一可做的就是順時宜進，逆時宜守。

在五官方面，額高濶當顯於少年。眉毛潤澤貼肉而生，運在二十六至三十六歲。眼睛黑白分明而具神采，名利顯於三十六至四十六歲間。鼻高長直而色潤有力，四十六至五十六歲為人生高峰。嘴唇色潤、四正且菱角分明、緊合而有力，大小適中，必享於五十六至六十六歲之間。

面相例

額相好，當顯於少年。

眉相好，運在 26-36 歲。

眼相好，名利顯於 36-46 歲。

鼻相好，46-56 歲為人生高峰。

唇相好，必享於 56-66 歲之間。

五官反映不同年歲的運氣

人心不同，各如其面。

　　六歲以前，相貌天生。六至十二歲是吸收期，受父母影響。十二至十八歲是成長期，受友儕影響。十八至三十歲是青年期，靠自己領悟。

　　心善相善，心惡相惡，六十歲後，一生果報印於面上，半點不假，你對父母如何，子女將對你如何，朋友如是，親友如是，毋用怨天尤人。

　　命定格局，即一生人之格調，是高是低，無可改變。運是一生之過程，升降浮沉，亦早已注定。唯乘時而起，逆時而守，亦可以在攻守之間把自己的一生軌跡推向最高點。然而格局高低、運程順逆只與成就財富相繫，與個人之人生觀、悲、喜、哀、樂不一定有直接關係。命格好且一生行運，不一定代表內心感到滿足，反而有時一生順遂卻自覺空虛、寂寞甚至失落。而一生平凡者，只要不是朝不保夕，內心仍然可以有充實的感覺而自覺快樂滿足。

　　內心的想法由時日累積，然後會如實反映在每個人的面上，所以有時照鏡時仔細看一下自己，看看能否察覺到印在自己面上的內心世界。如發現眼尾、嘴角下垂，代表你正朝向悲觀孤獨的方向去走。如嘴、眼帶笑或眼尾、嘴角向上，則代表你正朝向歡心的路前行。

面相例

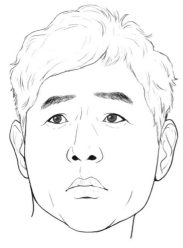

眼尾、嘴角下垂，悲觀孤獨。

嘴、眼帶笑，眼尾、嘴角向上，內心歡愉。

：人生篇 18：

自卑引致自大

　　自卑引致自大，這是在眾生常見的。自卑的人怕人睇小，常裝腔作勢，遇上一點自己覺得不順心的對待，便以為別人看不起他，因而大吵大鬧。但日常生活中一定有機會遇到一些不禮貌對待或一些誤會，如每次都這樣吵鬧，既辛苦自己，又失了人格。

　　其實，如果對方不是太過分的話，很多時一笑置之便可以了！

鼻大，一般是自信心強的表徵，唯自卑者，很多時亦會有一個高直的鼻子，可能是過猶不及的關係吧！

　　自卑與否，以眼最為重要，眼有神采、黑白分明、目光堅定者，一般自信心較強。如雙目缺乏神采，對人不敢直視而配上一個高直的鼻，只代表硬頸固執，不容易接受別人的意見，自己又無主見，便會變成一個既自大，又自卑的人。

　　自卑心的形成，有時候是因內心的自信不足，怕被人察覺，故在外觀上會特別修飾，又或者在行為上會較為誇張，用以突出自己，掩飾自己內心的不安。

　　自卑的人不一定會察覺自己是自卑的，因為有時會給自己自大或自信滿滿的外表騙了，以為自己是一個很有自信的人，直至有些突發事件直接觸動到其內心的自卑因子才會爆發出來。

　　你是一個有自信、無自信、自卑還是自大的人呢？

面相例

雙目缺乏神采且不
敢直視人，但鼻高直
者，自大且自卑。

欺善怕惡

　　欺善怕惡的人隨處皆是，中下階層尤其常見，一些掌握一點點權力的，上至政府部門、鄉紳官賈，下至大廈管理員或販夫走卒，都善於用這點點權來把你留難，你愈退他們愈進，到你忍無可忍，大力反擊，他們有時又會怕得噤聲。相信你身邊一定不乏這些人，但為甚麼不可以各盡己責外，大家以禮相待呢！

　　欺善怕惡可能是每個人生命裏都擁有的先天因子，但人之所以為人，是因為可以憑後天的努力學習，把先天不良的壞因子改善，當然有人做到，亦有人做不到；唯整體人類也是朝着這個大方向去走，不論藉着宗教還是後天的教育，其目的都是想眾生待人平等一些。

　　中國人常常強調先禮而後兵，就是以禮行先，禮無用後才談兵刃。雖然先禮不一定要後兵，但做人以禮待人為先，即使對方沒有回應，自己也不會有損失。這樣總比大家惡言相向好得多。

　　眼惡者善於欺凌。眼神流露加眉薄、眉散者欺善怕惡。眉骨顯露性格衝動，容易一言不合動起手來。牙歪、嘴角下垂容易口出惡言。

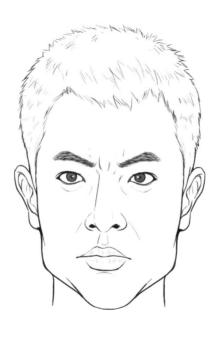

眼惡者善於欺凌

: 人生篇 20 :

懷才不遇

說懷才不遇，先要自問是良材還是庸材。

人常自覺聰明，懷才不遇只是時不與我而已，但即使有才華也要知道自己是出色的螺絲還是善於開動機器的人。

上班族常覺自己比上司能幹，可機器沒有上司發動，你可能只是一塊廢鐵，不管他際遇才能比你好或差，他現時就在這位置，如果你連目前崗位也做不好，相信你能得遇的機會會相當渺茫。

人常自覺懷才不遇，筆者年青時也常有此慨嘆，唯當年筆者並無所長，根本沒有遇或不遇，到初從事命相行業，看見其他師父在電視上亮相，也常自覺時不與我。直至一九九八年年底，筆者已從事此行業十五年，才在一個電台節目上一鳴驚人。故即使真的有才華，也要耐心等待時機來臨。

　　有才華者千無一二，年少者，尤其是學業成績出眾的，容易自覺高人一等，相信投身社會必能一展所長，出人頭地；唯做事始終與讀書學習有所不同，努力也不一定能得到應得的回報，更多時是要借助天時、地利、人和。亦有些完成學業者，由於不肯屈就，歲月蹉跎，終致一事無成。

　　真正有才華者，不一定有高學歷，反而是對某些事情特別有天分，然後加上後天努力，待時機來時便一蹴而就。

　　具才華者，一般雙目有神而明亮，眼神堅定。識見低微者，眼神閃爍、或無神、或常瞬目。

　　閉目而後語者，詐，喜走捷徑，易得易失。

面相例

雙目有神堅定而明
亮，具才華。

:人生篇21：

踩低人不能抬高自己

　　很多人喜歡踩低別人，同行業者更常見，但別人低了不代表自己會提升，市場是能者居之，水平不夠，只能停留在同一位置，戚戚然地看着別人一個一個地攀升。

　　想踩低我的行家當然也不少，說我吸毒有之，說我行完運批算不準有之。唯市場之大，不只你、我、他，這十年間，我的學生很多亦已經提升了，能獨當一面的亦漸多。

　　很多妒忌我的人，現在仍在原地踏步，這些人不檢討自己的能力與知識，只不停地向成就比他好，知識比他高的人作出人身攻擊，根本無補於事，因你花時間精力去攻擊別人時，即使那人被你打倒了，但能乘此而上位的人，恐怕是你的機會也不大；更可能是你在惡鬥時，旁人已乘機而進，所以與其花時間去妒忌或中傷別人，不如用那些精力去提升自己。

　　這些妒忌旁人的，不管在哪一個行業都隨處可見，唯因其心態的關係，能夠成為行業的翹楚機會不大。因為你的心態如何，你的成就也必如何。妒忌心重，一半已經代表你的能力不及旁人，難以用自身努力去趕過別人，唯有用盡一些旁門左道去踹低、中傷他人。

　　一般鼻樑高直者，自尊心較強，不屑用旁門左道。眼有神，嘴唇緊閉者亦不屑用這些行為去作人身攻擊。

面相例

眼有神，嘴唇緊閉
者，不屑用旁門左道。

：人生篇 22 ：

面對現實

　　初踏社會的都想找一份適合自己的工作，唯這心態已經有問題，因工作適合你是沒有用的，最重要是你是否適合這份工，要是不適合或不能勝任，會做得不好且工作會慢慢離棄你，如仍不面對現實用心地去做，還用騎牛搵馬的心態，能找到一份適合自己的工作之機會更為渺茫，更會懷着懷才不遇的心虛度一生。

不管目前從事的工作適不適合自己，但既然已在這崗位，都應該盡力去做，直至找到另一個嘗試為止。

　　一出來做事便找到適合自己興趣的工作，可以説十無一二，更大多數的人都是在不斷地尋找，而幸運地找到的亦十無一二。所以能夠在自己興趣範圍內工作，甚至變成事業者，可能十只一二；更多的是一生都在從事一些不是自己意願與興趣的工作，而工作只是為了生活而已。但既然已經無可選擇，倒不如用心去投入，嘗試尋找當中樂趣，這樣總比自怨自艾，自嘆懷才不遇，時不我與為佳，最少心理上會好過一些，人會開心一些。正所謂人融入世界容易，要世界融入自己，難矣。工作何嘗不是呢！

　　眉與眉中間，即印堂位置距離潤，代表容易投入新工作、新環境。眉與眼距離較近者較實際，容易面對現實。

面相例

眉與眉中間位置
距離潤，容易投
入新事物。

眉與眼距離近者
較實際。

人生如賭博

在遊輪上玩德州撲克，手上牌是 3,8，但最後竟成了 3 夫佬而大勝。下局手中兩隻 A，但到尾也是，而莊家手中的爛牌卻成了蛇，結果我輸了。

人生何常不是，開局未必能定輸贏，因終點仍是未知之數。故不要因為開局差而悲，也不要因開局好而喜，一日未到終點誰也不知結局。

人一日未死都不能蓋棺論定，有人出身好，有人結局佳，出身好者不要論喜，出生差者，不要論悲。每個年代，每個社會，白手興家者都不知凡幾，試看看現代的世界百大富豪，有多少人是世襲的便能明白。相反，出生富裕者，也可以因後天經營不善而每況愈下。

先天的出身固然重要，唯有時後天的際遇、智慧、努力與時機同樣重要，機會來時憑着後天的努力乘時而起的亦大不乏人。相反，出身平凡，每天又只懂得自怨自艾，自己已被先天的開局打沉，這樣，即使機會來時也於你無用，因為自己已經被自己打沉了，能翻身的機會不大了。

祖上富裕者，雙耳貼頭骨而生。父母富裕者額方，或者額高潤飽滿。

能白手興家的，瘦面形者，雙目黑白分明而鼻形高長直；面形潤者，腮骨橫潤而有肉包裹，耳朵至腮骨前有厚肉凸出，差不多遮蓋着雙耳；又或者是覆舟嘴配上方而潤的下巴等皆是。

▲

父母富裕者額方

：人生篇 24 ：

生於安逸，死於憂患。

　　生於困苦亂世的人，能生於憂患、死於安逸已是他們的奢想；但生於安逸者卻從不會想或許會死於憂患，反覺生活太過安逸苦悶而想做些能突出自己的事，讓生活添些姿彩。

　　盛極而衰，能享有百年太平日子其實不多，安逸者死於憂患的機會很大，至死能過着太平自由安逸的生活已是一種恩賜。

世上百年內沒有戰爭的機會不大，上一代經歷過戰爭，當然知道苦況；第二代戰爭後百廢待興，只能努力工作去養活自己；到第三第四代，社會富裕了，窮無立錐者萬中無一，不用再去為生活張羅，有些甚至飯來張口錢來伸手，自我價值愈來愈低，於是便常常想做一些事情凸顯自己的價值；唯在已經富裕的社會要凸顯自己並不容易，有些人便衍生出想做救世主的心態，以凸顯自己的價值。

在太平盛世，富裕的社會裏，這種心態好像是少年不識愁滋味，為賦新詞強說愁的寫照，但這些思想正在世界上蔓延。而我的卑微願望是：只希望戰爭不要在我這一代來臨，不用死於憂患已於願足已。

：人生篇 25：

滑雪悟逆境

　　每個雪場雪道都不同，天氣又變幻莫測，時而天晴、大雪，甚至濃霧驟現，每天除了要摸索不同的雪道，亦要面對不停在變的天氣，這必然能加強適應變化的能力；且在雪道上遇到困難，別人能夠幫助的不多，一切都差不多要靠自己去解決，故久之，必然能夠增加面對逆境的能力。

其實很多運動都可以提升自己對抗逆境的能力，尤其是個人運動更為明顯，因為遇上甚麼困難，都不會有人與你分擔；在前進或後退間，只有自己能做決定，對與錯亦要自己承擔。而群體運動，很多時候是隊友互相扶持，能力高的幫助能力低的，舊的帶領新的，所以不是每一個人都能從中提升自己。

命運有注定不注定，升降浮沉的軌跡是注定，但用甚麼態度去面對便不。

有人遇到困難與逆境時，會當作是人生的磨練，勇敢面對，努力想盡辦法去解決，逆境指數自然會隨着時日提升。相反，有人則視為懼途，遇到時只想盡辦法去逃避。

智慧篇

：智慧篇 01：

唔識扮識

　　唔識扮識是很多人的通病，我亦認識這些人，但這些人只可騙人於一時，久後便會給人發現。

　　這些人雖然失敗居多，但間中亦有成功的，因為世界上比他們蠢的人更多，這些不懂扮懂的人遍佈每一個階層，小至商販大至商賈都有，有身分有學歷的要騙人更容易；所以要學識冷眼看世界，才不會那麼容易受騙。

唔識扮識，與學歷高低無必然關係，很多時候是自信不足，才會事事裝懂。

　　其實不用細心觀察，都不難發現必有這些人在身邊，即使開始時你不會對他產生懷疑，但久後便會發現這些人滿口胡言，問他甚麼都能給你一個答案，好像通天曉一樣，無所不能，無所不知。但這與嘴歪牙疏的天生大話王不同，這種人不一定口沫橫飛，反而話語堅定，但細看他們雙眼，有些是欠缺神采，自信心不足；有些是眼神閃爍，不停在動腦筋地想給你一個似是而非的答案。所以下次再遇上事事都懂的人，不妨細心觀察他們的雙眼，如眼神堅定則其人可信；雙目無神或眼神閃爍的話便要心中有數，不要隨便輕信！

面相例

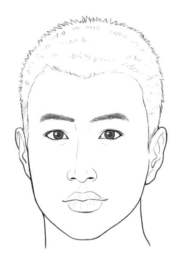

眼神堅定，
其人可信。

雙目無神，不要
隨便輕信。

以耳代目，人云亦云。

很多人見到雜誌、報紙、電視、互聯網的資訊，便信以為真，人云亦云，而不去作獨立思考。像有一次我在日本朋友家作客，刺身盤內無三文魚，便解讀作三文魚太多細菌，故日本人不生吃。其實三文魚刺身在日本很普遍，大小超市內隨處可見，且價錢超便宜，故不好意思用來招待貴賓而已。

　　以前資訊不流通，故常會出現人云亦云的情況，往往道聽塗說便信以為真。雖然現代資訊較為發達，獲得資訊的渠道多不勝數，唯亦因過於泛濫，往往真假難分。

　　故不論古今，接收到不同的資訊後，最後還是要靠自己去分析真偽；否則，便會墮入資訊陷阱。

　　唯世上人云亦云者居多，懂得獨立思考與分析的畢竟只是少數。

　　雙目有神者，一般分析能力較高，如加上黑白分明，思考必然清晰。鼻高長直者，自信心更強，唯有時會流於固執，事事堅持己見。

　　雙目無神昏暗者，無主見，人云亦云，如鼻樑低陷，更缺乏自信，最容易把在媒體上接收到的資訊，當成金科玉律，四圍散播。

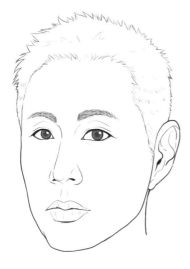

雙目有神，鼻高長直者，分析能力高，自信心強。

雙目無神昏暗，鼻樑低陷，缺乏自信，人云亦云。

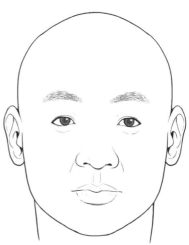

真話從來難聽

真話從來難聽，平胸的人介意人家說胸，覺得人家針對她。無讀書的人最怕別人說文化，怕人家說他無文化。鄉下人最怕人說他是鄉下人，怕給人看小。無見過世界的人，最怕人話沒見識，因真的沒見過。窮的人最怕說錢，怕人看不起。

想成功的話，首先要克服自卑，因自己都看不起自己，誰會看得起你呢！

人貴自知，人其實首先要找出自己缺點，然後承認缺點，再把它改善。

　　如果自己有甚麼缺點也不知道，或者知道了但不肯承認，將會斷絕自己的進步空間，修養便永遠沒法提升，很容易成為一個自私自利的人，尤其是一些財大氣粗而又沒有修養的人做出的行為，別人覺得難看，被人看扁自己也覺得難受。

　　在面相上額低而窄，頭髮粗密而硬，為人粗魯固執、堅持己見，難以改善。

　　額高而潤，髮幼如線，能自省其身，自我完善。

額低窄，頭髮粗密而硬，固執己見。

額高潤，髮幼如線，能自省其身。

智慧與成就

　　有智慧，無成就，不一定悲哀，因有智慧去面對得失。

　　有聰明才智不一定會帶來成就，但有成就，無智慧的人，很多時會悲劇收場，因這些人一般缺乏自信，當成就愈大，內心便愈空虛，有宗教信仰的可藉此去填補內心空虛，但更多時候是迷失自己，這現象以暴富及從事演藝界的人最容易出現。

　　成就與智慧不一定成比例，成就是在你從事的行業做到出色或得到別人認同，又或者能賺取不菲的財富，智慧則是個人自身的內在提升；但很多時候成就與智慧是背道而馳的，因成就愈高的人愈容易自滿，事事自以為是，囚困在自己的有限認知中。這尤以演藝圈中最為常見，有些人拍了幾部賣座的電影又或者熱賣了幾張唱片便以為自己很了不起，目空一切，自覺高人一等；但他們的腦或心很多時是空空洞洞的。

　　　一般眼神內斂，額角高廣而話語不多的人智慧較高。

　　眼神流露或閃爍，額低窄又多言的人較為朦昧，難言智慧。

眼神內斂，額角高廣而
寡言的人智慧較高。

: 智慧篇05 :

智慧與常識

　　智慧很多時是生活常識的累積，但偏偏很多人連基本常識都很缺乏，如有人用每天一千元的酬勞請人去日本買水貨，但要先交出按金與護照，最後當然人證兩失。又有說請你做模特兒但先要付款上課，其實只要看看鏡子，用常識自問一下：這世界怎會突然有那麼好的東西益我呢？「光棍佬教仔，便宜莫貪」，這是最高的生活智慧。

有智慧無常識的，很多未碰過的情況可以靠智慧去分析理解；但無智慧、無常識，在現代智識型社會則寸步難行，因為現代社會陷阱處處，一個不小心貪小便宜便會碰個焦頭爛額。

前述例子只是滄海一粟，騙人伎倆其實多不勝數，唯一防備的辦法是莫貪小便宜！因為在世上是沒有人會為你的利益着想，大部分人都只是為了私利。所以下次遇上有人説有東西明益你，記着要三思，因為世上不會有便宜的東西。

面相上額低窄，眼無神，下唇垂且乏力的人意志薄弱，智慧不足，分析能力低，故容易受騙。

額高濶，分析能力強。眼黑白分明，眼珠大，意志力強且有善心，上天不會虧待他，不會讓他受騙而陷入絕境。

面相例

額低窄，眼無神，下唇垂且乏力的人，容易受騙。

額高潤，眼珠大，不易受騙而陷入絕境。

智慧與生活

　　智慧從生活歷練而來，很多生活常識是學不來的；就好像是，不會有人無條件幫你，但很多人相信會有，但其實人都是有目的。很多人人云亦云，不加思索便輕信別人，但騙人的人太多。

　　智慧都是從生活而來，是從身邊經歷的一切而來。很多人連普通常識都不懂，怎樣對他們說都無補於事，智慧是教不來的。

　「從生活中活出智慧」，這是很多人都懂得的道理，住在不同地方的人，很多都能從當地的地方特色，衍生出其獨特的生活智慧來。有些人能夠不斷在生活中衍生智慧，愈活愈精警；但也有不少愈老愈糊塗，很隨便地不加思考便輕信別人，故此便有寶藥黨、祈福黨等專門欺騙老人家的人出現。其實不止老人，甚至受過高等教育的，從事專業的，即使在其專業做得很出色，但缺乏智慧的亦大不乏人，故要活出智慧也不是每一個人能夠做得到的。

　多看多聽多想少說話少發問的，一般較容易從身邊的人和事悟出智慧。

　相反，不思考、多說、多問者，即使能雄辯滔滔，但很多腦是空的，能活出智慧的機會不大。

智慧與白痴

　　很多白痴因為夠膽不經大腦地亂說，你問他甚麼都能給你答案，你便以為這些白痴很有見地，你相信這些白痴，不是更白痴嗎？變成一個白痴信另一個白痴。但偏偏世上這些人多的是，很多人沒有經過獨立思考便隨便相信別人的胡言亂語，其實現世代，很多答案都能在網上尋找，何必信這些白痴呢！

　　很多人事事不求甚解，在某些媒體聽過某些所謂專家之言，便當成金科玉律般到處宣揚，如果你不加思索地輕信不是更白痴嗎！例如某些所謂專家說飲椰子油可以減肥，很多人便輕信，還在友儕間推薦；又近年流行喝紅酒，有些上了坊間普通課程的人，品嚐高級紅酒談及單寧時，一口咬定單寧是從葡萄梗而來。需知高級紅酒去梗步驟是很嚴格的，只有低檔次的紅酒才可能用梗製造那些又苦又澀的低級單寧，遇上這些白痴時我也啞口無言，爭拗也無用。

　　雙目無神，嘴唇不緊閉，意志力薄弱，易輕信人言而不去作分析。

　　雙目有神，鼻樑高，對自身要求高，會比較努力去尋找真相。

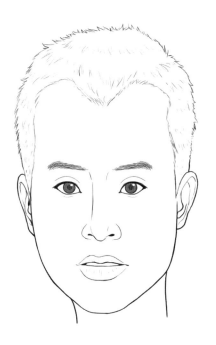

雙目無神，嘴唇不
緊閉，易輕信人言。

智慧與知識

　　知識可以通過學習不斷增長，有些人一生不停地追求，也滿足不到內心的不足。但智慧則不然，有些是天生的，但更多的是經過生活歷練而領悟出來，這些人不一定讀過很多書，很多古時的大哲學家，甚至目不識丁，他們把所思所想所悟的口述給弟子聽，而弟子負責幫他們筆錄下來留傳後世。

知識可以通過學習無限地追求，但智慧則不然，即使你滿腹經綸，也不一定能為你帶來智慧；相反地，可能只為你帶來傲慢與驕傲，自覺高人一等，與智慧愈行愈遠，甚至背道而馳。

　　追求知識容易，追求智慧，難矣！首先要虛其心，懂得冷眼旁觀，細心觀察身邊的一切人和事，盡量用他人的思想去判斷其行為，因每個人的背景不一樣，其行為自然各異，如只懂得用自己的識見去批判別人，這樣，智慧是不會增長的。相反，如果能夠抽離自己，細心觀察宇宙萬物，智慧自然會隨之而增長。

　　眉頭開潤，印堂飽滿，較容易接受世間的異事。

　　相反，眉頭窄，印堂凹陷，則為人性格執著，常認為自己所想的才是對的，任何有違自己所想的都不能接受，這樣又如何談得上智慧來！

面相例

眉頭開濶，印堂飽
滿，接受性強。

眉頭窄，印堂凹
陷，難接受他人
意見。

不要只看表面

很多人只看人表面而不看那人真正的心，以前我也會犯這個錯誤，但經過從事這行業那麼多年，雖不能說心明如鏡，但最少也能將每個人了然於心。

其實那個人對你好不好不是最重要，重要的是那個人對普通人好不好，對那些沒有地位的卑微大眾好不好，才是最重要，因為我認為每個人是平等的。

　　正所謂人心隔肚皮，眼看不少共聚多年的夫妻，逆境來時才看清對方真面目，尤其是結婚時丈夫生活富裕的，到遇逆境破產時太太提出離婚的不知多少。所謂愛情，可能連當事人自己也搞不清楚當初的真假。

　　同衾共枕的人也看不清其真偽，更何況是朋友、同事呢！在沒有利害關係時輕信對方倒無所謂，即使被騙倒也沒甚麼損失，但牽涉利害時便要細心觀察，尤其是那些事事都輕言無問題，又或者把事情說得很美好的，更要加倍提防，因很多人的座右銘是「朋友是用來出賣的」，這種人只著重利害關係，到你沒有利用價值時便會顯示出真面目。

　　面相上眼善者心善。眼珠大者心地善良，有人情味。鼻高直者心直。反之眼惡心惡，眼珠細心狠。鼻細手腕極度圓滑。

眼善，眼珠大者
心地善良。

眼惡，眼珠細心
惡心狠。

：智慧篇 10：

明心見性

　　人最重要是知道自己是甚麼人，想做甚麼事，想要甚麼結果，不要勉強自己做一些不適合性格的事，令自己難過。

　　錢是重要，但自我亦重要，不要為錢而失去自我，這將會得不償失，因每個人都有自身的命運，強求不來的，唯一可以做的是盡量在自己可控制的事情上做到最好，這才是最重要的。

人貴自知，這是老生常談。

人，就如不同的器皿，各自有其不同用處，勉強不來。而人一生下來便開始尋找到底自己是甚麼器皿，裏面應該裝些甚麼，有人找到，滿足於此；有人終生尋尋覓覓，最終亦不知到底是應該裝甚麼；亦有些人懶於去尋找又或者根本沒有這個勇氣去追尋，別人裝些甚麼下去，他便是甚麼了。當然還有的是明明知道自己是裝甚麼的，但自己不接受而千方百計地想去裝下別人的東西，這些刻意扭曲、裝下一些不適合自己東西的人，其後果當然也是要自己承受。

知命與否，其實後天的修養遠比先天來得重要。我只可以說眉頭潤，印堂飽滿的人比較容易接受自己；眉頭窄，印堂凹陷，眼惡者則否。

眉頭潤，印堂飽
滿的人較容易接
受自己。

眉頭窄、印堂凹
陷、眼惡者不知命。

言語技巧

言語技巧是生活的技巧，運用得宜能為生活帶來方便，亦利人際交往。

有次我去買花，問當天有沒有新鮮的，因還有其他客人，老闆不知該不該答；如當時改問哪些花耐插，效果便不一樣了。

又如將吝嗇說成節儉、固執說成堅持、脾氣火爆說成性情剛烈、自我說成有性格等，意思一樣，效果則大不同。

言語有技巧雖有好處，但過分有技巧便會變成滑頭，更會說來說去都不着邊際，教人像墮入五里雲霧中，聽其講完一大堆說話，但都找不到一些有用及有實質內容的。

又有些人喜歡事事裝懂，你問他任何問題，他都可以像真懂般胡亂地給你一些答案，但細想之下，他的這堆說話根本並沒有給你答案，說了好像沒說一樣。

言語技巧運用得宜自然路路暢通，運用不宜便容易處處碰釘，不論在家、外出交際或旅遊都會帶來很多不便，且常常容易與人產生磨擦；有時你會見到身邊有些人，不管在家在外都常常與人爭執，其原因大多也不過如此。

一般上唇薄或上唇中間有垂珠的人，具言語技巧。但若眼神內斂便容易變成圓滑。

上唇厚者詞不達意。眼神露好爭鬥，眼惡則容易口出惡言。

上唇厚，詞不達意。

：智慧篇 12：

人最怕自覺偉大

　　人自覺偉大，這將會是災難之始。做父母的自覺偉大則遺害子女、丈夫則遺害妻兒；但遺害最大的莫過於做領袖的覺得自己偉大，因大多數結果不單殃民亦必然禍國。故你、我或他時刻都應該保持一顆謙卑的心，這樣才能每天自省，才能了解並知道自己只是地球上的其中一人！

「自卑容易變成自大」，這是很多人都懂得講的，但有一天若出現在自己身上，自己會毫不察覺，這才是最可怖的；沒權沒勢還好，最多自覺懷才不遇，作不出甚麼惡來。但當有天有一丁點權力或得到一些人附和時，內心的自大便一天一天膨脹，甚至覺得自己是救世主，任務是來打救你我這等凡人的。這些人其實無處不在，影響亦可大可小，小則影響身邊群眾，中則影響地方社區，大則影響社會以致國家。有時即使自己耳聰目明，看得到這些人的真面目，但也不一定能夠抵抗這些社會洪流，能做的只望可獨善其身而已，雖然，這有時也只是奢想而已。

　　額高潤飽滿者，多美麗空想，容易有較大影響力，對社會影響也大。額低窄者多為附和之人。

　　眼神陰晦，懂權謀，為達目的不擇手段。眼神閃爍，精神異常，世上的大獨裁者每有此眼神。眼惡者，則好爭鬥並以此為樂。

面相例

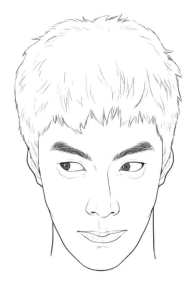

眼神陰晦，為達
目的不擇手段。

眼神閃爍，精神
異常。

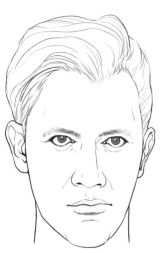

羨慕與妒忌

羨慕與妒忌，兩者一線之差，結果迥異。

羨慕乃出於善意，看見別人生活美好，希望自己有一天能過這樣的生活，這是提升生活的推動力，即使達不到目的，也不會心懷怨恨。

妒忌則是摧毀自己的力量，見到人家生活美好豐裕內心便會覺得很不舒服，希望人家終有一天會跌下來，生活比自己差，而不是想去超越自己或對方。

　　人心一般都存在妒忌，只是多少而已，而經過歲月洗禮，有人會看透世情，把此心放下。亦有人愈變愈嚴重，覺得整個世界、整個社會都像欠了他似的，更認為身邊很多條件不如他的人，成就或生活卻比他好，以致內心愈來愈不平衡，人亦愈發不開心。如這強烈的妒忌心瀰漫在國家便容易引發戰爭，在社會便會爭鬥不絕，在個人則會摧毀自己與身邊人，這可以算是一種毀滅性的負面力量。

　　如人不能退後一步看清事實，事事憑自己主觀角度分析，妒忌心必然無可避免地植根於心中。

　　眉寬者心寬，眉窄者執著。眼善者心善，眼惡者心惡，妒忌心、報復心重；如加上三白眼或眼珠細者更甚。

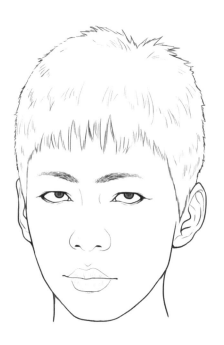

眉窄，眼惡，三白眼
者執著，妒忌心、報
復心重。

：智慧篇 14：

人不可以貌相

　　我有一個看似老實的學生，有些學生也說他很樂於助人教人，他有天去我家樓上找一個我已經不理睬的學生，剛好我愛人等電梯時碰見他，打過招呼後他便一直在講電話，入電梯後仍繼續在講，直至我愛人走出電梯。唯我家的大廈電梯內是收不到電話訊號的，愛人當時差點忍不住笑了出來，若是本性光明正大，怎會想得到這些點子來。

　　所以我常教我的學生觀人於微，但不懂的人就是不懂，永遠也學不會。

口說大義的人，必有所圖。處處展現君子，心有所求。到處幫人者，心有不足。常叫人為善，內心善否。唯不管真偽，幫人總比害人好。但真小人又遠勝偽君子。

　　觀人一定要在微處，大事易假，小事則容易露出馬腳。人眾易假，獨處方知其真偽。所以觀人要從微細處，從旁細心察看其小動作，看他對地位卑微而無關痛癢的人態度怎樣，察看其眼有否左顧右盼，人是否過分謙虛，過分禮貌，所謂過猶不及，如此者必然有詐。

　　眼神堅定者，其心必定。鼻樑高直者，自尊心強，不屑做假。嘴唇四正色潤者，言必有信。從這幾個部位，都不難察看其人之真偽。

面相例

眼神堅定，鼻樑高直，嘴
唇四正色潤者，心定、守
諾、不做假。

斤斤計較，因小失大。

有些人每天就是要讓自己不要蝕底，雞毛蒜皮的事都要算清楚，因而一生精力都浪費在這些小事情上。

其實事有大小、緩急輕重，不懂得取捨，從大局去想，成就必然有限，亦常常會因一些小事情令到自己不開心。這種人既損失了機會，又輸了心情，可算是得不償失。

　　很多人喜歡計較眼前得失，覺得有一些蝕底，便會很不開心或者據理力爭，偶爾一次還好，但事事如此，難免令周遭的人覺得很不舒服，寧可盡量減少與之合作，免得令自己不開心；這類人即使在工作上無需要跟人合作，但在人際交往上如此，也很難交到知心朋友。

　　又有些人在金錢上特別計較，而我也見過不少，從前有做算命的收人客費用上千元一次，但客人要錄音帶竟然要收客人十元錄音帶費用，真的又小氣，又可笑，錄一百個音收的費用才一千元。

　　太陽穴飽滿，鼻孔細小而肉厚者，吝嗇金錢。鼻頭有肉下垂者，最喜歡斤斤計較。眼細鼻大者，常常計算生活上的小錢，但會亂花大錢，因小失大。

鼻頭有肉下垂，最愛
斤斤計較。

：智慧篇16：

生活大不同

　　世界之大，每一個時段都有人在起床、吃飯、睡覺，或做着不同的事，有些在你的角度覺得並不正常，但別人卻覺得正常不過，故不要用自己的角度或眼界去批判別人，只要不是損人利己，去偷去搶，殺人放火，或做一些社會不容許的事，那又何有對錯可言呢？所以以後不要常常用自己的角度看世界。

我常常鼓勵一些快將完成學業的同學，可以的話，完成學業後，最少用三數個月的時間去外地流浪，體驗一下世界上不同地區的生活，這必能打開眼界，提升面對困難的能力及包容力。

　　我一生人最大的思想改進，是在我二十六歲時，用一萬元港幣，從香港出發，去了廣州、西安、烏魯木齊、喀什、葉城，再從新藏公路往西藏獅泉河、阿里地區、普蘭、然後再去神山、聖湖、拉薩、日喀則，再從拉孜過尼泊爾、加德滿都、撲卡拉入住原始森林，其間經歷高山症，被獒犬追，兩次險死還生；過尼泊爾時，快跑橫過在流動的泥石流，然後經加德滿都、博卡拉入住原始森林。這旅程讓自己眼界大開，知道世界之大，生活各有不同。

　　除了少見世界的人外，法令深者，人較古板固執，不容易認同別的生活方式。鼻過大者亦然。

面相例

法令深，鼻過大者，古板固執。

善兮惡兮

　　於你之善或於我之惡，相反如是。如路邊乞丐，施捨還是不施捨，尤其在社會福利發達地區？不施有人於心不忍，施則受施者永難自立，還有機會導致更多人行乞，甚至把小孩的手腳砍掉，利用這些小孩行乞謀利，而那些施與者到底是行善還是行惡呢？

　　世事永遠不會如表象般黑白分明，那唯有心存善念好了！

　　我常説：口善不如行善，行善不如心善。口善而心惡者，眼見不少。行善者別人看得見，容易受人讚賞；心善則不同，其善心不只對人，而是對世間一切萬物，且其善在心，無需展露人前。

　　助人不如讓其自助，人人皆知，自助以後，便有餘力再去助人，力量便能一直延續下去，這總比永遠要等人救助為佳。

　　又行善也要有智慧，否則只是在製造一批又一批做假之人，不斷用不同的假外表、假身分去騙取別人的善心，而這些行善者，亦變相在鼓勵這些騙徒去行騙。

香港街頭的乞丐，我最少有十年以上沒給過錢。十多二十年前，有一個光頭的尼姑，雙膝下跪在彌敦道與佐敦道交界的鬧市中行乞，別人可能覺得她是在化緣，一百元一百元地給她，一天下來應該有好幾千元，比正常上班好得多，差不多一年以後才有雜誌去採訪，方把她拆穿。

　　其實不用細心去想也知道是假的，出家人有出家人的尊嚴，怎會下跪求乞呢！

　　雙目昏暗、無神，眼珠特別大，眼下垂肉成下三角眼者，較容易受假象矇騙。

面相例

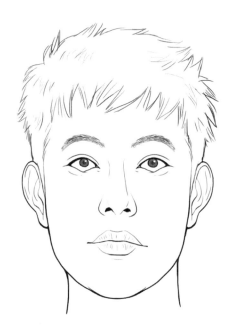

眼下垂肉成下三角
眼者，容易受假象
矇騙。

騙局

　　大至國家政黨，小至政客商人，不乏善於編織騙局的人，手法則大同小異。

　　政客，不外乎派錢，說可以令你少勞多得，老了政府還會養起你，但先使未來錢下一代是要還的。普通騙局，不外乎說能幫你賺豐厚利潤，讓貪心人自投羅網。

　　這些騙局還是永恆的，因夢想不勞而獲的人永在。

　　「光棍佬教仔，便宜莫貪」、「貪字變成貧」，都是老生常談，唯騙局從未在社會消失過，其之可以長存，主因亦是人總是擺脫不了貪念，只是形式不同而已。

　　大有大貪，小有小貪，小至買水果時，多拿幾個想白吃；大至政客騙取整個社會、國家的管治，即使開始時心念如何偉大，久後必貪戀權位，不肯放手，歷代的大獨裁者，開始時誰不是有為青年呢！

　　在社會上，貪局更多如繁星，最簡單而見效的手法是說可以幫你投資，讓你可以賺到不菲的收入，本來是不許外人加入的，見你是熟朋友才想盡辦法去讓你加入；這時你還不快快拿錢出來，自動奉獻嗎！

至於一些層壓式的集資，像多年前的種金，介紹人加入自己便可分紅，一層層地分下去，到資金鏈斷掉，便關門大吉，最後排的加入者便血本無歸，而這手法是長存地用不同的形式出現，永不消失。

　　雙目無神者，自主意識不強，較容易受騙，下唇垂且乏力者也是，其次是下三角眼。而眼大眼珠大者，亦較容易輕信別人。

　　總之，騙徒林林種種，各式各樣皆有，唯有盡量戒絕貪念，讓騙徒難以乘虛而入，才是根本。

面相例

雙目無神，下唇垂且
乏力，較易受騙。

天才不及專注

如果聰明加上專注，不論從事何種行業，成就不難都在眾人之上。可惜，很多聰明者自持聰明而多學少成，博而不精，讀書時還好，不難獲得傑出成績，但踏足社會則容易因自己的不專注投入，變成一事無成。

反而一些資質平凡，但長期專注於某種行業或研究的，偶爾會得到驚人的成就。故不論做何事，專注有時比聰明來得重要。

　　我常勸勉別人做事要專心，即使資質平凡，用心花十年廿年時間去從事一個行業，即使資質怎樣平庸，只要不是太愚蠢，亦可能成為行業內的專家。常有云：「聰明反被聰明誤」，因很多聰明人自恃聰明，學習時上手夠快，容易變成一心多用，外人看來好像很能幹，唯其可能事事只懂皮毛，遇到真正專家時便會容易露底。又因其事事都不肯全心投入，故不會是一個好下屬，也不容易成為好上司，能夠當一個成功的老闆就更難了。

　　雖然很多出色的企業家都從事多個行業，唯其也是先全心做好一項，再從事第二項第三項……而不是一開始便一心多用。故在此勸勉聰明的人，先專心做好目前手上的，再去想別的。

　　一般聰明在眉眼，眉毛纖細，眼黑白分明有神者，必然聰敏，配合長的鼻形，必能成為行業的翹楚。即使鼻形短小，如配上潤面形，也不難成為大富之格。

眉眼相佳，配濶面
形，不難成為大富
之格。

: 智慧篇20 :

廢話無用

點解妳無男朋友嘅，點解你無女朋友嘅，點解你咁窮嘅，點解你咁失敗嘅，點解你咁細膽嘅，點解你無車無樓嘅，點解你咁唔善解人意嘅，點解你咁悶嘅，點解你咁無大志嘅，點解你生得咁蠢嘅，點解你咁快光頭嘅，點解妳身材咁差嘅……這種無用廢話說來無用，既傷自己又傷人。

其實世上無可解釋的事多如牛毛：點解有啲人生出嚟咁聰明，點解有啲人出身咁有錢，點解有啲男仔長得咁高大威猛咁靚仔，點解有啲女仔咁好身材咁靚女……這些上天給予的，我都唔知點解，想知的話，去問天好了。

世事有得解釋的，多數是人為現象，如沒有女朋友除了長相是天生外，後天的生活圈子、性格、打扮、談吐是否可以改善呢？無男朋友者亦然。

又如先天不足，後天又懶又怕辛苦，生活自然難以改善。身體本來不佳，後天又不去保養，健康自然每況愈下。

喜歡講廢話者要改善，自然從嘴下手。嘴歪牙疏者，口不擇言。上唇厚者，詞不達意，得罪人多，稱呼人少。眼睛凸露者，容易廢話連篇。

面相例

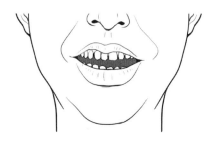

嘴歪牙疏者口不擇言。

上唇厚者詞不達意。

眼睛凸露廢話連篇。

內心反射

愈是迷失，愈喜歡教人人生哲理。身體愈差，愈喜歡強調如何生活才能達致健康。愈沒有說服力，愈喜歡事事加強語氣。愈怕無人注意，小動作則愈多。內心愈空虛，愈強調生活如何多姿多彩。愈是自卑，愈喜歡誇張地表現自己。愈是心虛，愈注重外表及別人的看法……凡此種種皆反映其人內心之不足。

　　所謂過猶不及，這算是人內心的反射，例如身體，愈是怕病愈容易病，很多時候三朝五日便去作身體檢查，有點小小自覺不適便馬上去看醫生吃藥，形成對藥物的依賴，身體的抵抗力愈來愈差，這可説是惡性循環，去看醫生變成一種慣性，不定時定候去見一見，內心總是覺得不適。

　　又如迷失者，像在大海裏浮沉，忽然找到一些信仰便會緊握不放，甚至到處宣揚，自己還做起教導者來，天天滿口哲理，真理還是歪理並不重要，最重要者是講者自己相信。其實如上述例子，不勝枚舉，只要每天在生活上細心觀察，必能在身旁發現原來大不乏此類人。

　　從面相上，必能從其眼神察覺出來。眼神異常者，精神情緒必異。眼神不強而閃爍不定者，無病呻吟。上三白眼而眼神帶怨氣者，金錢不乏而內心空虛且對生活不滿。以上種種皆反映其內心所想。

眼神異常者，精神必異。

：智慧篇22：

人只可以要求自己，
不可以強求他人。

　　很多人都會犯這樣的錯誤：做兒子的要求父母給他一切所需，做父母的望子成龍，老公要求妻子保持美好身段，妻子要求老公出人頭地，在微博裏有些粉絲要求我多講些風水命理，幫他算命；但有要求便有失望，失望繼而產生怨恨，父怨子不成材，子怨父無錢，夫妻、朋友亦然。

與其要求別人，不如首先要求自己，這樣比要求別人要符合自己容易得多。因別人不是你，能達到你心目中想要求的一般不大可能，即使是有血緣關係的父母子女，其實各自都是一個獨立個體，儘管遺傳樣貌、性格非常相近，但畢竟成長的背景不同，處事及對世事的看法自然各異，如不能站在對方的角度去看，必然會覺得對方事事不順自己心意，不符合自己的要求。其他如兄弟、夫妻，再疏一些的如朋友、上司下屬則更難矣。

　　眼神愈強，愈容易要求別人事事要配合自己。其次鼻大固執，容易過分堅持。再次者嘴唇常常緊閉亦是。

面相例

眼神強，鼻大，嘴唇緊
閉，堅持己見。

博學等如無知

博而不精，不如不知。

人總是貪心的，以有限去追求無限，智力有限，時間有限，以有限的生命與時間去追求無限，倒不如用所有精力去專注某些自己能掌握的知識。

但很多人不明白這個道理，以致浪費了很多時間在不是骨節上的東西，終致一事無成。成功的人大多是一生只專注於自己擅長的。

現代社會資訊無限，知識來源可說如恆河沙數，如不懂得篩選學習，不難墮入知識的深淵之中。

如我學習滑雪，在網路上由入門知識到最高級的課程都可以找到，安坐家中躺在沙發上看着電腦便可以上課，且不管重複多少次都可以。

唯以我的經驗之談，學一門學問，不下過十年工夫難有所成，即使你是天才，比常人的學習時間短一半，一生下來最多亦只可以精通十門八門而已。

像我這樣的常人，十多歲開始習相，二十多歲開始習八字命理、掌相、卜占，鑽研堪輿風水。四十年下來亦只精通了八字、風水、面相，而掌相只還可以，沒甚麼驚人發現，更遑論發明，卜占則只是懂而已，很多學生比我還出色。

至於這十年才開始學習的滑雪，最多亦只可以説是純熟，能達到高手級的機會相信不大，始終開始時已經四十五歲，不能與年青人相比。

　　所以算你十歲開始學習至五十歲，也只有四十年光景，五十歲後即使能有大成，相信也只是把前半生之所學沉澱而已，能夠再有新發明者稀矣。

：智慧篇24：

品格遠比知識重要

　　某天去書局買原稿紙準備開工寫流年書，排隊付錢時，前面有一個年過六十的老者，口裏叼着牙籤態度輕佻地準備去付款，他買了六七百元的文學書籍，應該是一個愛好學問的人，唯付錢時，把信用卡丟在收銀枱上而不是放在收銀員面前。

　　口叼牙籤、丟信用卡這兩個動作，完全把他學而無術的內心表露出來，這不尊重自己又不尊重別人的舉動，即使是學富五車，但品格如此，學問、眼界又能有多高呢！

老一輩常強調，讀書識字是為了明理，相信這是上一代文盲率高，很多人沒有機會接觸學問的理所當然想法而已。古時路不拾遺夜不閉戶的地方相信識字率也不高。很多時候品格高低與學識並無直接關係，反而是受整個社會氣氛影響，如整個社會品格高尚，個人亦會受感染，品格低下者不會太多。相反，若社會充斥着負面思想，人人自私自利，品格低下的人自然會較多。

　　品格從來比學問重要，品格低而學問高者，不難成為偽君子。品格低學問低者真小人，學問低而品格高者明理人也。

　　觀人品格，除了從小動作觀察外，善相者亦能從人眼神而知其內心所想。眼善者心善，作惡不來，品格自然較高。眼惡者心惡，自私自利，品格亦自然高不到哪裏。

面相例

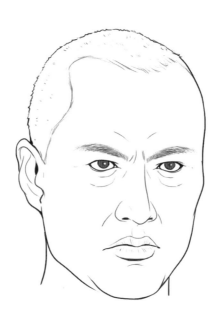

眼惡者心惡，品格不高。

感情篇

：感情篇01：

哪種男人值得你留戀？

　　哪種男人值得你留戀？(1)妳喜愛的；(2)對妳特別好的；(3)經濟條件好的。

　　得一，可以考慮。得二，無容細想。得三，三生有幸。但這三者是有次序的，首先找一個妳最喜愛的人，找不到便找個對你特別好的，都找不到便找個有經濟基礎的。三者皆無那就獨身好了，難道要跟一個妳不喜歡對妳不好又無錢的人一起嗎！

找到情投意合的對象當然好，但碰不到便要作出取捨了。三者以第一種付出最多，因為妳喜歡對方，會千方百計引起他注意，尤其若對方對自己興趣不大的，更要千方百計去取悅他。在外人看來會覺得不值得，但每天能與自己喜歡的人在一起，內心是愉快的。

　　第二是一般女性所選擇的，讓對方千方百計去追求，享受一下被重視的滋味。

　　第三，應該不用多說，是每個人所想的。

　　有人三者兼得，有人則處處碰釘，落得孤身一人。命乎！運乎！

　　女以鼻為夫星，鼻高長而直，下巴不太尖，必能享夫福；如雙眼黑白分明、有神，唇色紅潤，夫必顯揚。

面相例

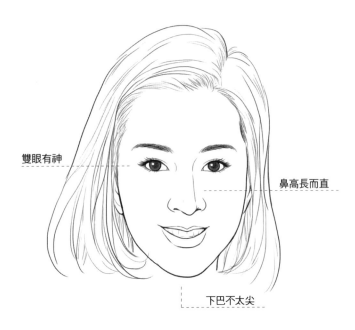

雙眼有神

鼻高長而直

下巴不太尖

得享夫福、夫必顯揚之相。

哪種女子值得你留戀？

　　哪種女子值得你留戀？因男人較貪心，故條件要求較多：（1）你喜愛的人；（2）長相漂亮；（3）身材好；（4）品格好；（5）大家相處時舒服、無壓力；（6）不是騎牛搵馬、三心兩意；（7）說話不太多；（8）有錢；（9）對你事業有幫助；（10）溫柔；（11）懂得欣賞你。

　　以上條件當然愈多愈好喇！但也要看你有幾多本事及本錢；或是命水比較好，一生異性緣重，且能得異性之助，娶得賢妻。

　　愛才的女性不少，而愛財的當然更多。如果自知才、財都不達標，異性緣又一般，又不是高大靚仔，就不要那麼挑剔，找到個真心相伴的已經不錯了，還奢求想財色兼收?!有才華有才幹者易得異性垂青。有財富的更不用説，不論何種年紀都不難找到符合以上條件的異性。

　　八字方面，自坐財星者一生能得異性之助。以財為喜者妻有助力。自坐財星且為喜用者可得妻財，或因外家致富。夫妻宮相合者感情佳。

　　面相鼻為夫妻宮，鼻樑高直而氣色潤白，眼黑白分明，齒齊者易得妻財。面圓鼻略細而顴高肉豐者妻有助力。

面相例

鼻樑高直而氣色潤白，眼黑白
分明，齒齊者易得妻財。

：感情篇03：

哪種男人讓妳最難頂？

哪種男人讓妳最難頂？(1)財大氣粗；(2)自以為有見地，強把己見加在別人身上；(3)覺得自己好靚仔，但真的只有自己覺得；(4)自以為幽默，講笑話只有自己在笑；(5)覺得自己懷才不遇，但又整天在家等運到；(6)怕人看不起，先大聲罵人；(7)人云亦云；(8)是旦先生，但你決定了他又有意見；(9)太多承諾，得個講字；(10)常說將來，不顧現在；(11)言語無味！

以上各種缺點可大可小，如財大氣粗假以時日是會慢慢改善，但強把意見加諸別人身上與常自覺懷才不遇則是死症，難以接受。這兩種人容易自視過高，覺得自己都是對的，得不到認同與賞識只是別人不懂得欣賞自己而已。

從面相上，鼻樑過高的人都容易有自我為中心的傾向，如配上有神采的雙眼，則觀點每每是對的，亦終有出頭的一天。

但如眼暗目昏，不睡似睡，這種人遇事難斷，則其一生只能慨嘆而已！

面相例

鼻樑過高，雙眼
有神采，終有出
頭天。

鼻樑過高，眼暗目
昏，難言出頭日。

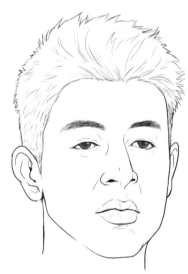

哪種女子讓你最難頂？

哪種女子讓你最難頂？(1)長舌婦，話說不停，像疲勞轟炸；(2)斤斤計較，事事向錢看；(3)硬頸固執，堅持己見，半步不讓；(4)對你全不尊重，呼來喝去；(5)三心兩意，騎牛搵馬；(6)恃靚行兇，但真的不見得很靚；(7)疑心重，常要你報告行蹤；(8)說話尖酸刻薄，半點不饒人；(9)與她相處讓你覺得很大壓力；(10)對你要求過高，超出你的個人能力！

　　人，總是看不清自己的缺點，故閒來無事，不妨照鏡細閱。如有掀唇、露齒、牙疏，是非說話不停。

　　太陽穴飽滿、鼻頭垂、鼻孔細，株漏必計。

　　眼珠細、鼻節凸、嘴細緊閉，則氣量窄，疑心重。

　　如面相有以上三四個特徵，即使是超級靚女、家境富裕、做事能幹，又或者特別出名，也不難丫角終老；如果相貌平庸、事業無成、無錢、做事能力又一般的話，真的要自求多福了！

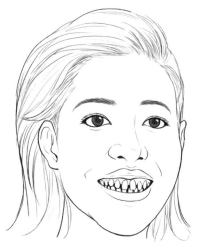

掀唇、露齒、牙
疏，是非之相。

太陽穴飽滿、鼻頭
垂、鼻孔細，株漏必計。

：感情篇05：

同居與結婚

　　有些人以為同居與結婚只是差一紙婚書而已，但其實差距是很大的。

　　很多同居多年的伴侶，一旦談到要結婚時便因此而分手，又或者結婚沒多久後，還是要分手。主要是同居時沒有想過會天長地久，雙方都會容忍對方的缺點，但結婚是一生的，那時才會認清自己，方發現對方是個不適合共渡餘生的人。

姻緣好壞有些是天注定的，無夫命、剋夫命或大運行剋夫運者，都是利同居不利結婚；即使同居時雙方感情及其他方面也不錯，甚至生了小孩，同居一二十載也相安無事，本想在老時給對方一個名分，但往往在簽了一紙婚書後，問題便相繼出現，疾病也好，爭吵也好，子女反目也好，最終都難以白首偕老。是命乎！運乎！

　　女性面相鼻形細小，鼻樑尖削，顴骨凸露，額形高凸，這種面相，一般都不利正常姻緣，除了同居以外，嫁給異地人，丈夫年長十年以上、或年紀比自己小，又或者曾離婚者，都能減低對姻緣的負面影響。

面相例

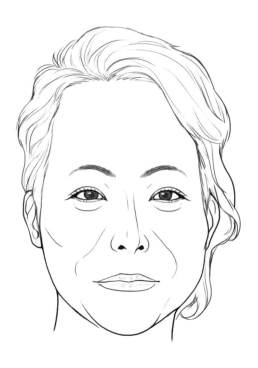

女性鼻形細小，鼻樑尖削，顴骨凸
露，額形高凸，不利正常姻緣。

男女無平等

男女的思維方式根本不同，哪會平等。就愛情來說，已婚男人有外遇，一般都沒有想過要離婚，最好就是左右逢源。女性婚後如出軌，很多時候會問我要否同老公離婚，跟情人一起？

我通常的答案是：當外面那個男人知道妳離婚後，馬上走掉的機會很大，最後妳只會落得孤身一人。

其實從盤古初開直到現在，不管在地球哪一方，都見不到有絕對的平等。人生出來，智慧、樣貌、思想必然不同，不平等已經存在，故首先要接受生而不平等，然後盡力去追求制度上的平等。

至於男女方面，要平等則更難上加難，因雙方的思考方式與生俱來便不一樣，一般男性重理性，而女性則以感性居多，故在同一問題上，男女雙方看事物的角度不難各異，有時根本無對錯之分，只是角度不同而已。平常的看法已經是這樣，更何況牽涉到感情？所以在男女感情事上，外人看似是非分明，但感受則只有當事人雙方內心才有可能理解；又或者連當事人也不能理解或不想去理解。

唇管情慾，上唇主情，下唇主慾，男性一般下唇較厚，女性則下唇較薄，故男較重慾女較重情，此乃天性使然。

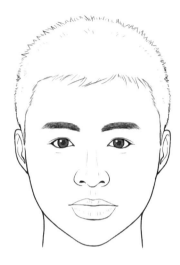

下唇厚，重慾。

下唇薄，重情。

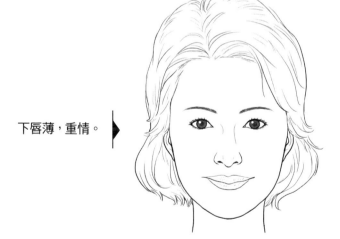

：感情篇07：

如何維繫感情？

　　我上次被困在蘇梅島的酒店時，整個蘇梅島停電，我與愛人在無可選擇下燭光晚餐，這浪漫的燭光晚餐一點都不浪漫，最後連洋燭都沒有了；但這個反而是一次令人難忘的經歷，因感情除了甜，還一定會有酸、苦、澀等味道，只有經歷過種種味道的感情，才會愈來愈穩固。單有甜蜜和開心，未曾一起嘗過高低起跌的感情，是經不起考驗與些微的衝擊。

友情如是，愛情如是，無風無浪的情感，很多時是經不起考驗的，尤其是愛情，新聞上有多少因丈夫生意失敗、破產而離婚的例子？

　　能共富貴，不能共患難，皆因他們的感情沒有經過考驗，在無風無浪的日子裏，根本不知道有多深愛對方；到逆境來到時，才發現自己不會為對方付出太多，以前的生活原來只是安於逸樂而並非愛情，逆轉來時便各散東西。

　　古代並沒有離婚這回事，雙方必須共富貴、共患難，故離不離婚不是注定的，這只是現代社會的產物。

　　女性以眼為感情，眼神弱，上眼瞼下垂，嘴形不端，下巴尖小者，最經不起感情考驗。

面相例

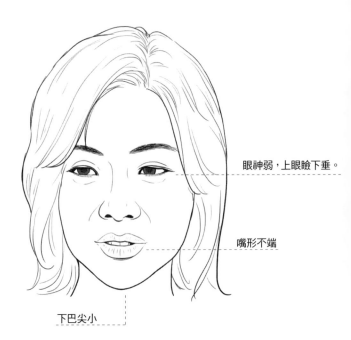

眼神弱，上眼瞼下垂。

嘴形不端

下巴尖小

女性經不起感情考驗之相

:感情篇08:

寧可選擇寂寞，
不要選擇痛苦。

　　愛情上當對方變了心時，一般人會死不放
手，每天獨留家中呆等，心如刀割般猜他（她）
會不會回來。但與其痛苦地等待，不如痛快地分
手，分手後即使面對孤獨，但最少不用再在家中呆
等，可以放心約朋友外出，盡快忘記痛苦，又有機
會投入一段新感情，何必要選擇痛苦呢？

　不單是愛情，世上所有事情都有放手的時候，但大部分人都是執著的，曾經擁有過的都會死不放手。即使知道已經失去了，心仍放不下，手也不想放下，但這樣只會徒添痛苦，現實亦不會因此而改變。尤其是在愛情上，因愛情是兩個人的事，如果對方已經變了心，對你已經全無感覺，即使你呆等也好，要生要死也好，根本都無法挽回，倒不如瀟灑脫一點，放手好了。

　　面相上，眉與眉之間較濶，眼神較柔和者，比較容易接受現實。眉頭窄者，性格執著，會怎樣都不肯放手。

　　眼惡者，報復心重，還很容易做出錯誤的決定！

眉與眉之間較濶，眼神較
柔和，較易接受現實。

眉頭窄，眼惡者，報復
心重，不肯放手。

：感情篇09：

緣分

　　生是緣，死是緣。愛是緣，恨是緣。合是緣，分是緣。富貴是緣，貧賤是緣。聰敏是緣，愚笨是緣。相見是緣，不見是緣。分離是緣，再聚是緣。信是緣，不信亦是緣。父母是緣，兄弟是緣，夫妻是緣，朋友是緣，仇敵是緣。緣來不能拒，緣去不能留。有人緣深，有人緣淺，人生本作如是觀，鏡內不留痕！

有緣無分長相思，有分無緣卻可憐！

緣分兩字，當然包括父母兄弟朋友，但一般用於男女關係方面最多，而最錯綜複雜的緣分亦大多是關於情愛的。

其實有緣無分遠比有分無緣佳，有緣無分留下的思念都是旖旎而甜蜜的，有時一次的短暫邂逅，卻可換來終生回憶。相反，有分無緣，即使不是每天破口相罵，但心中也缺乏甜蜜的感覺，有些還會互相憎惡，甚至大打出手。

八字中夫妻宮為喜且帶六合，一般感情融洽。帶刑沖則一生感情易成虛花。

面相上，眼帶笑而柔和，男女緣分佳。眼細，眼惡，最易成為怨侶！

面相例

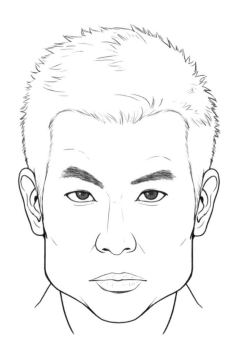

眼細，眼惡，易成怨侶。

愛情無對錯

常見人分手後口出惡言：呢個扑街我以前對他多好多好，無錢時還給他錢，誰知搵到錢或溝到第條女就走了；又或者：我對呢條女多好，全心全意對她，任何事都遷就她，誰知她找到個條件好些的就跟我分手了；又或者：他（她）三心兩意，一腳踏幾船……凡此種種付出，皆建基於自己願意，而不是對方強逼的。

　　世界上沒有絕對的公平，愛情則更甚，總是會有一方付出多些，如看不通這或接受不了的，只會自招怨恨，於事無補。

　　很多人對愛情不是太認真，在找不更好的時候，勉強和對方在一起，有些就這樣相對過一生，根本談不上愛情不愛情；亦有些找到更理想的便馬上分手；更有些是抵不住對方猛烈追求、禮物不斷而接受對方。

　　唯這些建基於物質的愛情，根本抵受不住衝擊，故常見一些嫁入豪門的，只要對方破產或金錢散盡，最後便分手收場。

面相方面，眉眼觀愛情。

眉毛整齊貼肉而生，一般善於處理感情事。

眼神足、眼白白，感情事能斬釘截鐵，亦心知自己追求甚麼，誰是心中所愛。

眉頭亂，感情亂；眉尾散亂，志大才疏。

眼昏暗無神，感情事拖泥帶水。

眼白粉紅，桃色不斷。

眼惡，分手時會心有不甘，甚至動手打人。眼珠細小者心更狠，常存報復之心。

面相例

眼昏暗無神，感情事拖泥帶水。

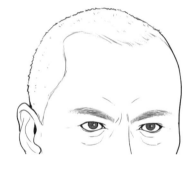

眼惡，分手時會心有不甘。

眼珠細小，常存報復之心。

一切有天意

　　有些女性不惜代價想嫁給有錢人，可惜財富是天注定的，委屈自己也無用。

　　普通人千方百計想扮高級人，但小動作會出賣自己，裝不來的。

　　人最重要的，是清楚自己是甚麼人，不要做一些勉強自己的事。

　　人能活得輕輕鬆鬆，三餐不愁已經足夠，有否名譽財富由天定好了，這樣最少能開心一點。

　　命相者常常強調，做人要「盡人事、聽天命」，這可是至理名言。

　　盡人事者，事事要用盡自己一切努力去做，雖然這不代表一定能成功，但盡力以後，成功也好，不成功也好，亦只可以聽天由命，半點強求不得。如強求努力以後一定要得到相當的回報，那只會讓自己墮入永不開心滿足的境地，這對現實亦根本沒有幫助，因為得不到的仍然是得不到。

　　人的成就與財富，五分天命，三分努力，餘下者還要看社會狀況與行業的走勢。

　　姻緣則更難，大趨勢已然命定，當中可改變的不多，以夫為忌者必難享夫福。爭夫分夫者還好，可嫁與曾離婚者，或可以避免相爭之苦。有離婚機會者，爭吵之年盡量忍讓，亦有可能安然度過；但話說回來，仍是這句：總之「盡人事聽天命」。

錯過姻緣

很多女性等待心目中的白馬王子，結果錯失良機孤獨一生。有些長相漂亮，覺得還會有更好的選擇，不珍惜身邊人，青春就這樣過去，落得孤身一人或隨便嫁個長相與條件都不太理想的，我身邊亦不乏這樣的人，到分手多年後，兜兜轉轉還找不到更好的，才知道已錯過了一生最好的，但後悔已經無補於事了。

　　一般人總以為姻緣是天注定的，於是整天在等候心目中的白馬王子出現，日子一天天的走，一年年地過，等到三十多歲仍未結婚，才來問我為甚麼姻緣還未出現？

　　重姻緣年因地區而異，而現代香港的重姻緣年一般分四個時段：

　　(1) 二十五歲以前，即早婚，早見姻緣；

　　(2) 二十五至二十七歲；

　　(3) 二十七至三十歲，即正常平均年齡結婚；

　　(4) 三十歲以上，即遲婚。

　　故三十歲以上來問婚姻者，有四分三是自己錯過了姻緣而不自知。

姻緣天注定否，對錯各一半：

　　能否靠夫、享夫福，是注定的。

　　感情好不好，雖然也是注定，但後天努力也非常重要。

　　至於嫁不嫁得出，後天遠比先天為重要，即使命中無姻緣者，也可以把握結婚的流年而把自己嫁出去。

　　而命中有夫者，也可以因自己不斷的再三考慮，一次又一次地錯過姻緣運而仍在呆等，以為自己的姻緣還未來到。

　　先天容易孤獨終老者，一般人中很長，法令也深長，如果相貌是這樣，真的嫁不出去才是天注定的。

面相例

人中長，法令也深長，先天
容易孤獨終老。

得不到是最好的

　　人常慨嘆感情錯配，總看上一些對自己無意思的人，而對自己有意思的又看不上眼。其實這是正常的，雙方一見鍾情的寥寥可數，更多的是一方去追求，另一方慢慢接受。

　　追求不到，或無膽去追的，總會心生思念，覺得對方是完美的。而那個每天在一起生活的，又總覺得不是一生所愛，甚至覺得是錯配！

　　得不到便有距離，有距離便有幻想，而幻想一般
都是美好的。對象可能是少年時期的初戀或暗戀對
象，又或者長大後是別人的女朋友，或已經分手的舊
愛侶，亦有可能是螢幕上的男神、女神，總之是可望
而不可即的。

　　又像是偷情男女，見面的時候總是歡愉的；而
身邊每日生活在一起的人便大不相同，因為除了歡愉
外，還有柴、米、油，鹽等現實問題，每日相處的性
情，生活習慣問題。

　　總之，關係愈密切、距離愈近、空隙愈小，便
愈容易出現磨擦，磨擦出現時便會想以前的那個多
好，別人的感情多好，唯家家都有本難念的經，只是
外人看不到而已。

感情、婚姻除了要努力經營外，很多時也是注定的，如命中夫妻宮相沖，則無論對方是誰，都總覺得不是理想對象。

　　面相上雙目無神，眼惡，眼尾向下垂，左右門牙中間有空隙，左右嘴角明顯下垂等，都特別容易在感情上感到不足。

面相例

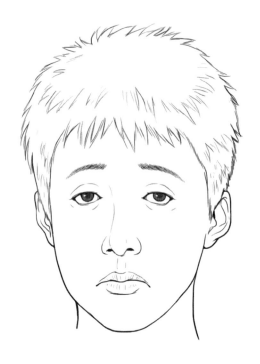

雙目無神，嘴角下垂，感情
常感到不足。

注定不注定

　　姻緣好壞、異性及配偶有否助力是注定，能否
嫁娶則否，因有些地方的人傾向早婚，有些則傾向
遲婚或愛獨身。

　　行運與否是注定，成功與否則不是，因行運也
要自己努力爭取才會成功；不行運者懂得安守本
分亦不致失敗潦倒。

　　性格是注定的，但後天培養還是很重要。其
他際遇，像出身、長輩下屬助力、名氣地
位，則是注定，強求不得。

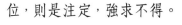

從算命角度去看，命運既注定亦非注定，因為命運只注定你的人生重要軌跡，但在軌跡內的升降浮沉，還是要憑自己雙手去把握的，順時宜攻，逆時宜守，只要進退有度，生活自然會過得容易；否則必然處處遇到阻力，困難重重。

又行運並非必定能成就財富，不行運亦不代表一生窮途潦倒，因行運與否是相對的，行運時宜從事收入不穩定的工作，這樣進益自然會順勢上升；失運時則工作收入愈穩定愈好，最好是從事大機構或公職，自能保住飯碗保住收入。

感情亦然，姻緣來到時要好好把握，時機不至時努力也是徒然。

生兒育女亦然，在適當時機不去實行，到四五十歲時才想要，但這時時機已過，能成事者稀矣。

情愛之道

愛情像跳舞，你進一步，對方退一步。你退一步，對方進一步。時而前行，時而後退，時而又左右橫行，這樣跳起舞來才會精彩，雙方都能從中得到樂趣。

如一直向前，迫到對方退無可退，又或者自己一直後退，這舞根本無趣味可言，甚至不該再跳下去；那倒不如一個人獨舞，有時會覺得更享受更精彩。

　　愛情之道，説難不難，説易也不易，否則世上哪會有如此多痴男怨女、離婚事件。

　　男女在一起，喜歡或相愛當然重要，但生活能否融合在一起亦很重要。

　　有些人從小生活習慣強勢，如婚後性格也一樣沒改變的話，除非對方是習慣弱勢的，否則婚後必然會因各自觀點不同而出現爭拗。

　　如果兩個都是習慣強勢的人結合，爭話語權已經是一個嚴重問題，稍為處理不好、或雙方不夠深愛對方，根本難以長久在一起。

　　兩個弱勢的人走在一起，情況會稍微好些，最多是生活上事事作不了決定而已。

同一個家庭長大的人性格亦各異，對事物的見解亦不同，更何況是兩個生長在不同家庭的個體，如能多些站在對方的立場與觀點上去看，這必然有助雙方了解，亦更能讓彼此融洽地相處，那跳起舞來自然會更精彩。

　　面相上鼻樑高配鼻樑略低者為陰陽調和。其他如孩子鼻配老夫，繼室鼻、二奶鼻配離婚者亦是。

　　女性額高廣兩顴顯露，配異地姻緣。三角形面配方面形。矮小配高大。肥矮配高瘦。眉粗配眉粗（男性眉粗屬陰，女性眉粗屬陽）。嘴大配嘴細等，都算是陰陽調和的組合。

面相例

鼻小宜嫁離婚者

形式

對一個人好，不是死前多望幾眼，抱頭痛哭；也不是大時大節、生日、情人節、父親節、母親節或甚麼紀念日時送上禮物，或大事慶祝。愈重視這些形式的，愈代表平常對對方關懷的不足，故要記着在這些特別日子去慶祝一番，以聊表心意。

其實在平常日子，多些探望、多些愛護、多些關懷，根本就不會去着意那些特別日子，因為，每一日都是特別的。

　　愈重視形式的人，愈是表面化，做一些被別人看得見的事，亦能一安自己的心，但這亦總比甚麼都不做好。但其實真正關心一個人，父母也好，親人也好，夫妻朋友也好，不是在一兩個特別節日，做些甚麼形式上、表面化的事情便代表關心對方，如在父親節、母親節與父母去飲茶，其實與父母相聚，飲茶晚飯，每月每星期甚至每天都可以做，根本無需等待至父母親節，難道貪其擠迫，人去我去好？又如情人節、聖誕節、生日等，其實過得開心每天都是節日，如果雙方相處得不好，互相亦不太關心對方，你說會否因為情人節送花、聖誕節、生日時送些禮物而能改善雙方關係呢！

　　其實不論任何關係，每一天都是個重要日子，每天對對方多些關心，多點包容與體諒，則不論是何種感情、關係，才可以細水長流地維持下去。

你在選擇人，
人亦在選擇你。

很多人在感情上想要找怎樣怎樣的人，但你在選擇人時，人亦在選擇你。

不論男女都會出現同樣問題，好多女性想找個有事業有錢又懂得生活情趣的人，但首先要看看自己的條件，男性亦然。有些人不看自己條件，要求過高，男的可能無財又無才，女的可能無貌無身材，還要那麼多要求，最後只會落得孤身一人。

男的還好，只要努力工作，不論成功時是四十五十或是六七十歲，都不難找到個自己喜歡又或者愛慕自己的伴侶，至於對方看中的是自己的財、才，已經不太重要。

女性在這方面便沒有那麼公平，如自己事業成功，普通男士會覺得妳是女強人而不敢高攀，成功男士有時又覺得不用認識一個與自己同樣能幹的異性，變成兩邊不靠岸，找不到一個落腳點。

樣貌普通又不太能幹的因要求不高，反到容易嫁得出，嫁得早，有時還幸運地嫁到一個對自己好而又行運的老公，過着少奶奶的生活。

最容易錯過姻緣者是有些才貌，但又不是太出眾，比自己條件低的看不上眼，條件好的又看不上自己，即使日漸把自己的要求降低，無奈遇到的男士條件又再低些。

直至四十歲都過了，不再揀擇了，想找一個有些經濟條件的嫁了算，但男人有經濟條件的，除非與女方是舊相識，否則會選個四十歲過外的伴侶機會不大，除非女方是天生貌美或是有名氣的，才另當別論。我每天都規勸認識的女性，想嫁要早嫁，這樣嫁到好伴侶的機會必然比年過三十的機會要大得多。

　　其實姻緣好壞是注定的，所以我常對女性說有得嫁便嫁，反正是好是壞要嫁了出去才知道，想亦想不出個答案來。

　　鼻為夫妻宮，不論男女，鼻形高長直者，大多能配到好姻緣。男性面圓鼻細者得妻助，女性則代表難以倚靠丈夫。

面相例

鼻形高長直者，多能配到好姻緣。

財富篇

體現自己的價值，
才是最重要。

　　有錢不用為生活乏匱而苦惱，但填補不了心靈空虛；有錢可買滿屋名牌滿足你與伴侶，但買不到心靈所需；有錢有華廈豪宅可居，但孤單感仍佔據在你的心裏；有錢只會令你自大虛無，但不會令你內心的自信變巨。

　　故有錢填補不了內心空虛、孤獨，不會令你有自信，亦滿足不到心靈所需！

白手興家的還好，因必有過人之處，如雙目黑白分明，遇事能斷。鼻高長直，從事專業必然出色。面潤顴高而有肉包裹，手腕圓滑人緣好，平生得貴人扶助。唇紅、菱角分明，齒齊，言而有信，得人信任。腮骨潤而有力，遇逆境而自強不息，終有所成。

　　出生富裕者，耳貼肉而額高潤，但其他五官不一定有過人之處，尤其是雙目，很多更是昏暗無神，縱然一生錢財不缺，但終日無所事事也是慘；更有些還志大才疏，急於爭取表現，以致失敗連連，意志消沉，甚至抑鬱。

　　太過窮困當然是慘，有用不盡的財富也不一定是好。人，最主要是體現到自己的價值，這才是最重要的。

面相例

雙目黑白分明，
遇事能斷。

鼻高長直，出色之
專業人士面相。

面潤、顴高而有肉
包裹，平生近貴。

腮骨潤而有力，
終有所成。

面相例

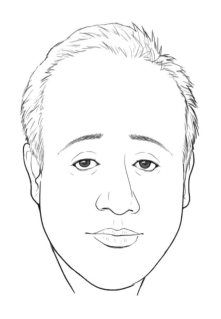

耳貼肉、額高濶、雙目昏暗無神，
雖富而志難伸。

退休安排

　　有錢買不到快樂，但買到生活方便；有錢買不到愛情，但買得到伴侶；有錢買不到名譽，但買得到名氣；有錢買不到長壽，但買得到最好的醫療；有錢買不到知己，但買得到朋友……

　　以上用錢買不到的，難道無錢會更容易得到嗎？我還是覺得有錢好些，最少生活方便、有伴侶、有名氣、有好醫療、有朋友。

　　「錢不是萬能，但無錢則萬萬不能」，這是平常人人都掛在嘴邊的，尤其是到了晚年，誰都不想孤獨潦倒，如不想晚年依賴政府救濟的話，三十歲開始便要作出退休安排，因為很多人到了五六十歲才想到退休後的生活，那時才作出安排已經太遲了。

　　在面相上，面形短濶，一般一生衣祿無憂，晚運不會太差。但面形窄而鼻子短小者，一生無大財。

　　下巴尖削、無腮骨、無耳珠、嘴角下垂，晚年孤苦貧窮，這等面相，如在青年期間不開始積穀防飢的話，老年恐怕生活堪憂。

面形短潤，一生
多會衣祿無憂。

面形窄、鼻子短小，
一生無大財。

面相例

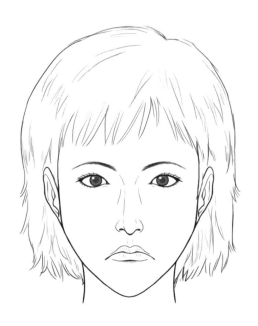

下巴尖削、無腮骨、無耳珠、
嘴角下垂，晚境堪憂。

致富之道

　　很多人都想發達，但卻沒有目標。其實你去搵錢，錢是不會來的，但錢來找你就很容易了。問題是怎樣才能令錢來找你呢？

　　不論從事何種行業，只要做到最出色，財富便會自來。我與很多成功人士傾談過，他們當初只是想做到行業的表表者，根本沒有想過要搵多少多少錢，誰知道成功以後錢就自然而然地來了。

錢，從來都不應該是一個目標，如果是的話，問題便隨之而產生：有人會為了錢，為達目的，偷呃拐騙，無所不用其極，出賣自己還好，最少沒有傷害到別人；但更多的當然是損人利己。只是，如果相信命運的話，便知道一生大數是注定的，騙人者，最後亦被騙，害人者也如是，報應總有一天是會出現的，只是遲早而已。

其實追求成功之道，應抱着盡人事，聽天命的心態，盡了最大努力之後，成功與否，就由天去決定，若然得到成功，財富還少得了嗎！

一般雙目有神，鼻樑高直者，有決斷力，做事認真，比較容易因自身努力而得到成功。

下巴尖削，嘴角下垂，若加上耳垂尖削，更要修身積福，方免晚年孤苦貧窮。

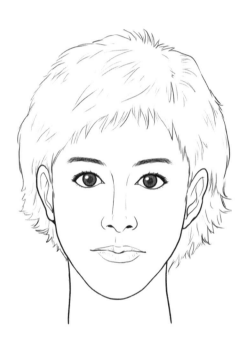

雙目有神，鼻樑高直者，
有決斷力，做事認真。

：財富篇04：

不要盲目追求財富，要追求快樂。

　　有些人盲目追求財富，以致迷失了自己。其實追求財富的目的應該是要令自己生活快樂開心，但如在過程中做了太多自己不願意做的事，將令自己後悔；最後即使獲得不菲的財富也會後悔一生，亦不會快樂，因生活已失去了平衡，有多少財富也沒有用，最終只換來一生的遺憾。

人，生不帶來，死不帶走，再多的財富，最後也是自己孤身上路。況且，命裏有時終需有，命裏無時莫強求，如果你信命的話，人一生的大數是注定的，只要盡力做好自己，乘時好好把握，財富不會比你千方百計不擇手段地貪心妄取甚至出賣自己來得少。

　　正所謂貪字變成貧，這是至理名言，人愈貪心便愈容易受騙，常言道：「光棍佬教仔，便宜莫貪」，要記着，世上不會有人無故地對你好，一般都是為了某些目的又或者你有利用價值。

　　即使你今天是騙人者，但也難保他日成為受騙者，因世事是循環的，只是一般人看不到那麼遠而已。所以，信命者、不會貪心妄取，只會盡人事，聽天命，接受每一個時期應該過的生活，而這種生活當然亦不會令自己失去平衡。

　　印堂飽滿，眉頭開潤者，較不會盲目追求，貪念較少，騙人與被騙的機會自然少。

面相例

印堂飽滿，眉頭開闊，貪念較少。

股市明燈 = 貪心加蠢

　　貪心無錯，加蠢，就真的無藥可救。這些股市明燈常說「我買了就跌，沽了就升」，但誰有此力量能帶動股市呢？總不是你與我吧！

　　其實這些明燈看見股市初升又不敢入市，待見到周邊朋友都賺了錢又不甘心，於是入市，股市當然從高位回落，愈跌愈低，驚起來又把股票沽出，這種人當然升跌市皆輸。

投資需要眼光、定力，當然亦要好好努力做功課。投機則不然，或多或少都要有一些運氣，不管是捕捉到一隻當炒的股份也好、殼股被收購也好，或多或少都會有些運氣成分。

面相方面，兩顴豐滿而有肉，代表一生容易有外來助力，較易得到貴人提點，得一些好消息。相反，鼻高顴低的人，一生都要靠自己去爭取，難逢意外之財。

手相方面，無名指基部有米字紋，其次是星紋，代表一生易得橫財。再其次是尾指下有一條長而且清的第六靈感財運線，可憑感覺去捕捉升跌。但如發現自己三者皆無，那最好還是腳踏實地買一些穩穩陣陣的大藍籌股收息好了！

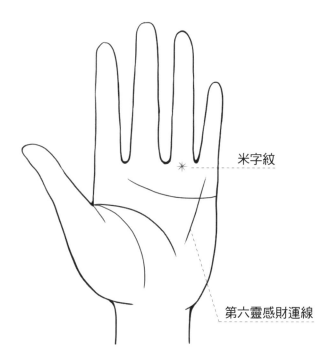

米字紋

第六靈感財運線

:財富篇06:

想要 = 需要

　　人很多時候是想要多於需要，其實人的需要很簡單，有三餐溫飽，有片瓦遮頭就已經足夠，其他很多都是想要的。

　　雖然想要是人類進步的原因，但當想要的心愈來愈重，問題便隨之而來：有錢的會亂花錢買些一生都用不着的東西，窮的可能不擇手段滿足自己的想要，這時你要問心，到底是想要還是需要。

人一定要把想要的心盡量壓縮，否則一生只會活在不足之中。很多人都懂得講「不是計較自己缺少甚麼，是看自己擁有甚麼」，但知易行難，得一想十，得十想百，這是人之常情，這也是社會進步的原動力；但追求之時如果能抱着「盡人事，聽天命」的心態，不去強求，生活會容易得多。

　　生活在愈簡單的社會，人民快樂的比率會愈高，只因他們沒見過，沒得比較，如見過以後仍能保持一顆簡單的心，才算是能擺脫物欲的枷鎖，才算是得到真正的快樂！

　　眼神柔和，對得失較易接受，貪念較輕，人自然容易開心。

眼神柔和者，貪念較輕。

愈多，愈不捨。

金也空，銀也空，死後何曾在手中。田也空，地也空，換了多少主人翁。妻也空，兒也空，黃泉路上不相逢，從頭仔細思量盡，都是南柯一夢中。雖如此，人在世時基本需要還是不能缺的，但就無需無限制地追求。

人，生不帶來，死不帶走，即使擁有再多，也不能帶在身邊與你一同上路。

做人，就放開些吧！

　　錢，當然重要，因無錢必然寸步難行，但人生在世只是一個過客，無需要不擇手段無節制地去追求，又或者無止境地去積累，甚至成為守財奴，一毛不拔，更要偷呃拐騙而自肥。因為不論積聚了多少，到最後不單止是錢財，就是連自己軀殼也不能帶走，只能隨着滿腔不捨的靈魂孤單上路。

　　人擁有愈多，愈容易不捨，錢財如是，物件如是，親人如是。

　　面相上太陽穴飽滿，最喜積聚財富。鼻孔細，吝嗇，如加上鼻頭垂肉，株漏必計，一毛不拔。

　　太陽穴凹陷，鼻孔微露，較不重視金錢，應花則花。

　　如鼻空浮無力、鼻孔朝天則朝不保夕。

太陽穴飽滿,
最喜積聚財富。

太陽穴凹陷,鼻孔微
露,較不重視金錢。

: 財富篇08 :

人只能先苦後甜，
不能先甜後苦。

　　見過很多人苦幹後，收入豐厚了，便開始胡亂揮霍，但花無百日香，人無百日紅，很多人會從高峰滑落，繼而一沉不起，那時才後悔為甚麼不儲多一點錢，買多一點不動產，以備日後生活所需。

　　身邊這些人實在太多了，所以各位以後有幸有一點成就，一定要提醒自己切勿重蹈這些人的覆轍。

胡亂花費、搞排場，在新發財的人身上最易看到。外國人也分新錢、舊錢。舊錢一般是幾代人積存下來，資產一般是穩固的，家庭教育亦較為嚴謹，很少會擺出一副很了不起的嘴臉。新錢則不同，不論白手興家或父輩開始發財，因其心理仍未習慣突如其來的財富，有些會怕人看小而大灑金錢，出手潤綽有之、滿身名牌滿屋名車有之、財大氣粗的更是隨處可見；但經過若干日子後，他們有些會慢慢沉澱而踏實起來。但當然有些只是愛擺排場，愛做門面工夫，其實口袋裏是空的，這些人一個運程不繼便會從高處墮下，因其根基不厚，很容易便一沉不起，晚年潦倒度日。

　　祖上富貴的，一般雙耳輪廓整齊而貼頭骨生長、額廣潤而飽滿。

　　白手興家者一般五官中必有一較為特出的部位，然而最重要者是下巴兜或潤，這樣才能把財富力保至晚年。

面相例

眼神內斂，下巴潤，能保財富至晚年。

揮霍無度與吝嗇守財

揮霍與吝嗇，兩者皆錯。

揮霍者，不懂珍惜資源，胡亂花費，好像男的買靚車，女的買靚手袋，在能力以內還好，有的年青人，連樓都未有，便去買一部靚車去，或花數月工資去買一個靚袋，這些人最終是失敗的居多。

另一種則是很富有的人，事事算盡，連用在自己身上的錢都不捨得花，守着財富直至老死。

　　這兩種人在世間隨處可見，先不要說那些無能力而又胡亂花費的人，筆者所見，不少有才華的人，運程順遂時，錢財像倒水般湧到門前，令他們覺得搵錢很容易，養成了不重視金錢的個性；有的更會事事追求完美，有的則每天呼朋喚友，花錢也像倒水一樣，這些人很多時都是先使未來錢的，直到一天自己價值大減，財不再易得，便後悔也來不及。

　　亦見過一些大富的人，事事斤斤計較，不只對人，連對自己也一樣。節儉是美德，但吝嗇則不然，既影響人亦影響自己。

　　不懂處理金錢者並非一般人所說的太陽穴凹陷，鼻孔仰露，而是雙目無神。而懂得處理金錢的亦並非對面看不見鼻孔，這只是代表吝嗇，鼻頭垂肉者則更甚。

對面看不見鼻孔，吝嗇之相。

：財富篇 10：

爛心

　　久踏社會，人心容易腐爛，被金錢遮蓋，從事命相風水的更常見，開始時滿心熱誠，幫到了人自己也開心。但久後被人擁簇自覺成為大師，便嫌貧愛富，更愛炫耀，只結交有利用價值的，完全忘了當初只是為了興趣或是為了助人；更有些是收了合理報酬，成功幫人後還覺得別人應該要再給大紅包，這又是甚麼歪理呢？

各行各業都有機會出現一些以金錢為重的人；唯，這根本不是問題所在，金錢，誰會不喜歡呢！但君子愛財，亦應取之有道。

　　付出服務以後收取應得的費用，這是公道的，亦是公平地各取所需。可惜，現今社會重現實而不重理想，跟道德愈走愈遠，不論各種行業，只要是可以的，都會有人在應得以外想盡法子去攫取利益，巧立名目有之；做一些客人根本不需要、用不着的服務有之，總而言之，就是想盡辦法讓自己得到更多。

　　從事命相行業的，有上述心態者相信亦不會少，唯從事這行業的，生老病死，吉凶順逆還看得少嗎？故理應知命才對，如果知命還不安命，好像比常人更甚；除非是些根本不學無術，掛着命相風水的幌子而去攫取金錢的就另當別論。

世情篇

：世情篇01：

物以類聚

　　成功的人不一定會聚在一起，但失敗者很多時會相結聚。婚姻美滿的人不一定相結聚，但很多失婚女士卻聯群結黨，單身女士亦然。其他還有養寵物的、有小孩的、吃素的、有共同興趣的、有宗教信仰的，很多時候因理念相近而結聚，故只要看身邊朋友是甚麼類型的人，你便可了解自己到底與哪類人相近似。

近朱者赤，近墨者黑，這並非必然的，因為物以類聚，人以群分，亦是人之趨勢，是好是壞各人有各自的底格。

　　文人喜與文人結交，武人喜歡與尚武者結交，其他如藝術、科技、旅遊亦如是；而偷呃拐騙之徒亦可能因理念相近而走在一起。如無共同興趣者，不容易長久交往。

　　喜愛孤獨者，可能因性格問題，不喜歡交朋結友。又有相當數目的人士，本身對任何事物都不感興趣，在交友上便會容易出現問題，尤其在話題方面，好像總是與人話不投機，難於與別人溝通而愈變孤獨。故是善是惡，除了自身命運外，身處的社會與身邊的友人亦起着重大的影響。

: 世情篇 02 :

黑白分明

有人喜歡黑白分明，有些則喜歡左右逢源，周旋於各不同派別之間，從政者更是常見，但兩者無對錯之分，只是處事態度不同而已。

黑白分明的人朋友一定較少，但質量一般必然較佳。

左右逢源的人朋友滿天下，但可能都是點頭朋友多，真心交往者稀。

而你，到底喜歡做哪一種人呢？

左右逢源者，有些人會嫌其做人及做事手腕太過圓滑，難以交心。黑白分明者，事事非黑即白，容不下灰色世界，與別人衝突必多，一言不合，反目收場。當然，能夠做到中庸之道最好，唯這只是理想而已，中庸者，又容易被前兩者唾棄，變成豬八戒照鏡，兩邊不是人，這又不是，那又不是，到底怎樣做才對呢？其實當中不存在對錯問題，只是各自立場不一樣而已，故無需排斥對方，亦無需改變自己，在不損人利己之下，做自己最擅長、最喜歡的角色就好了。

黑白分明者，眼神堅定，其次鼻形一般較大，嘴唇緊閉。左右逢源者，眼帶笑，兩顴豐滿有肉。無主見者，眼神弱，鼻略細、金甲肉薄，唇厚而下垂無力、不常緊閉。

面相例

眼帶笑，兩顴豐滿有肉，左右逢源。

眼神弱，鼻細鼻翼薄，唇厚而不常緊閉，無主見者。

大話當真

大家身邊一定不乏把謊話當真的人，而其大話多與利益無關，只是想凸顯自己而已，他們常說些你無法馬上反駁的謊話。例如，他去過外國那間不知名的餐廳，食物是全世界最好食，那個滑雪場是最好玩，那個沙灘的沙是最幼，那裏潛水是最漂亮……凡此種種，都是自信心不足的表現而已。

　　上述大話的意思是誇大其話，常將自己到過、食過、見過的說成是最好的，但可能他只是去過一次而已。筆者十年前便試過有此經驗：一個朋友安排去北海道旅遊，他講得像很熟悉似的，故機票、酒店、租車、食店都由他安排，最後才知道他只是跟旅行團去過一次。在札幌訂的酒店就是跟旅行團時入住的酒店，位置距離市中心又遠，房間又細，經過此次經驗後，以後旅遊都不會輕信別人。唯是這種人無處不在，避無可避，朋友中必然有這種人。其實這是他們自信心不足的內心反應，而我亦有時會犯上這個錯誤，唯有時刻提醒自己不要重犯。

　　面圓鼻細者手腕看似圓滑，其實最懂得裝腔作勢。眼睛凸露者口不擇言，事事最愛誇大其詞。嘴歪牙疏者更不值一信。

眼睛凸露口不擇言，愛誇大其詞。

：世情篇04：

自我膨脹

　　這是一個很普遍的現象，尤其是在一些剛發財的人身上最容易見得到，正所謂暴富難睇，他們以為有了錢便等於有了地位，別人都應該要尊重他、奉承他，但別人不是你身邊的僱員，你有錢於他何用？又有些突然急速上位的人，水鬼升城隍，自以為很了不起，但可能在別人眼中，你仍然只是一隻水鬼而已。

自我膨脹一般都會出現在剛上位的人身上，如暴富、突然上了高位、演藝界一炮而紅，讀書時成績優越而初踏社會，又或是從事命相風水，別人大師前、大師後地稱呼你，都容易變得自我感覺良好，內心因此而膨脹，甚至覺得高人一等。

　　這種自我膨脹的感覺，經過時間沉澱後，一般都會回復平常心。當然有些會一直自我膨脹下去，有人會歸究因其人讀書少，眼界窄；唯眼見不少學富五車的也逃不掉這結果，有些甚至更覺得自己是救世主，能夠憑着自己的識見可以度世間社會上的普通群眾，因而誤己誤人。

　　一般剛上位的，其眼神都會出現異常：有的眼神精光四射，有的睜大雙眼說話，口沫橫飛；唯一旦沉澱過後，眼神會變得內斂、柔和。

面相例

一般剛上位的，眼神精光四射。

世道不古

　　有天去修理電話，正研究如何從電腦拿票號時，突然間排在我們後面的人，伸手前來按電腦螢幕拿票，原以為是看我們不懂來幫忙，誰知道他拿了票後不單止沒打算還給我們，還站在後面沾沾自喜似的，我們當然問他拿回票號，而他無奈只好把票還給我們，還好像覺得我們小家，何時開始香港變成這樣是非不分人格墮落呢！

　　社會有時顛倒黑白，是非不分，有理也說不清。按道理，社會愈進步，人應該愈文明才對，唯這只是理所當然的想法，其實以上事件，每天都以不同形式地發生。以泊車為例，等車位時為了讓前車開走而駛前一點，本想讓前車開走後以車尾倒後駛入去泊位，誰知後來的車先用車頭駛進去霸佔了位置，這有如在七八十年代的電影橋段，因為這樣爭車位而大打出手，竟在文明的二十一世紀仍不斷地發生。不知是否現代社會功利主義抬頭，人便愈覺得能到手就是贏，不管要用甚麼方法。

　　現在這個社會究竟是在進步還是在退步呢？我也只能擲石地三嘆！

《相學全集》卷一至卷四

首部同時匯編相法、古訣、個人心法的相學大全！

闡述面相部位分法，如三停、十二宮、五嶽四瀆、百歲流年圖等；

公開獨立部位相法，涵蓋額、耳、眉、眼、顴、鼻、口、下巴等，盡道早歲至晚運的命運玄機；

傳授坊間少有流傳的內相秘法，頸、肩、腰、腹、臍、臀，盡見其中；

細論其他相法，包括動相、聲音、氣色，習相者不可不察。

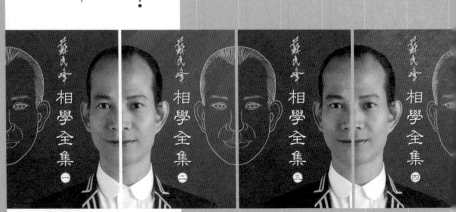

《觀相知人》

玄學大師蘇民峰自六十年代初習面相，
至今四十年有餘，
理論與實證兼美。
為方便有意研習相學之讀者，
他把多不可數之觀相心德歸納為五門，
內容涵蓋面相學的主要範疇，
並輔以二百多幅面相插圖，
令讀者更易了解；
閱畢全書，
已可掌握基本之論相須知，
既能運用於生活上知己知彼，
更能體會中國面相學之博大精深。

蘇語錄系列──實用面相

作者
蘇民峰

編輯
梁美媚

美術設計
Nora Chung

插圖
藝旋

出版者
圓方出版社
香港鰂魚涌英皇道 1065 號東達中心 1305 室
電話：2564 7511
傳真：2565 5539
電郵：info@wanlibk.com
網址：http://www.wanlibk.com
　　　http://www.facebook.com/wanlibk

發行者
香港聯合書刊物流有限公司
香港新界大埔汀麗路 36 號
中華商務印刷大廈 3 字樓
電話：2150 2100
傳真：2407 3062
電郵：info@suplogistics.com.hk

承印者
中華商務彩色印刷有限公司
香港新界大埔汀麗路 36 號

出版日期
二〇一七年七月第一次印刷
二〇一九年八月第二次印刷